국가대표
어머니의 기도

지 은 이 | 윤덕신
펴 낸 이 | 김원중

편　　집 | 김민주
디자이너 | 조민희
제　　작 | 허석기
관　　리 | 차정심

초판인쇄 | 2013년 4월 22일
초판발행 | 2013년 4월 22일

출판등록 | 제313-2007-000172(2007.08.29)

펴 낸 곳 | (주)상상나무
　　　　　도서출판 상상예찬
주　　소 | 서울시 마포구 상수동 324-11
전　　화 | (02)325-5191
팩　　스 | (02)325-5008
홈페이지 | http://smbooks.com
이 메 일 | sun701@chol.com

ISBN　978-89-93484-72-4 (03230)

값 13,000원

국가대표
어머니의 기도

| 윤덕신 지음 |

프롤로그 *Prolog*

'네 눈을 들어 사면을 보라 무리가 다 모여 네게로 오느니라 네 아들들은 원방에서 오겠고 네 딸들은 안기워 올 것이라' (이사야 60:4)

"이제 대한민국 땅으로 전 세계의 젊은이들이 몰려 올 것입니다. 이제 열방을 품고 세계를 무대로 복음을 전해야 합니다."

1985년 1월 20일 '한국의 소망' 이라는 제목으로 조용기 원로목사님의 주일설교를 들으며 내가 꿈꿔온 오대양 육대주 선교를 위해 움직일 때가 왔음을 직감하며 뛰는 가슴을 주체할 수 없었던 생각이 납니다.

나는 표현하는 것에 서툰 사람입니다.

기억력도 그리 좋은 편이 아닙니다.

내가 살아온 시간, 걸어온 길에 대해 사람들이 물어볼 때마다 몇 년도에 무슨 일이 있었는지, 그곳에서 무엇을 했는지 기억을 잘 못합니다. 그러나 내 32년 외길 인생에서 하나님이 하신 일은 단 한 가지도 잊어버린 것 없이 가슴속에 고스란히 간직하고 있으니 참 신기합니다.

잘하는 것, 내세울 자랑거리 하나 없는 시골 소녀는 어느 날 하나둘씩 꿈이 생겨나기 시작했습니다. 달리는 게 좋아서 운동장을 몇 바퀴씩 돌고, 농구가 하고 싶어 코트를 누비는 꿈도 꾸고, 하늘의 비행기를 보며 오대양 육대주를 맘껏 누비는 꿈도 키워 갔습니다. 그러나 시간이 흐르며 꿈꾸는 게 두려워졌습니다.

소녀가 꿈꾸는 모든 것이 단 하나도 이루어 지지 않았고, 모든 가능성의 문들이 눈앞에서 닫히는 걸 보며 자신감도 잃고 꿈도 잃었습니다. 되는대로 살다 가는 게 나같이 평범한 사람의 삶이라고 생각했습니다.

그러던 어느 날 나에게 한 분이 찾아오셔서 놀라운 말씀을 하셨습니다.

"나는 네가 누구인지 알고 있다."

도대체 나는 왜 태어났을까, 무엇 때문에 어제와 다를 것 없는 지루한 오늘을 살고 있을까, 나 자신도 나를 몰라서 방황하고 있을 때 그분은 나를 잘 안다고 하셨습니다.

"네 삶의 목적을 알려 줄까?"

심지어 제가 무엇을 해야 할지 알려 주시겠다고 하셨습니다.

"잃어버린 내 양을 찾아라."

누군가 잊고 살던 제 이름을 불러 주었고 가슴속에 묻어 놓았던 꿈을 다시 세상으로 꺼내 주며 너는 소중한 존재라고 일깨워 준 것입니다.

놀랍게도 저는 그 순간부터 예전의 자신 없고 볼품없는 그 소녀가 아니라 천지를 말씀으로 창조하신 위대한 분의 딸로 다시 태어났습니다.

바로 하나님을 만난 것입니다.

"너를 낮추시며 너를 주리게 하시며 또 너도 알지 못하며 네 조상들도
알지 못하던 만나를 네게 먹이신 것은 사람이 떡으로만 사는 것이 아니요

그러나 제가 다시 꿈을 꾸기 시작하고 입으로 말했을 때 아무도 저를 응원해 주지 않았고 넌 할 수 있다고 말해 주지 않았습니다. 그럴 때마다 하나님께서는 제가 지치지 않도록 안아 주시고 생명의 양식인 만나를 공급해 주셨습니다.

하나님과 동행하는 길은 하루하루가 놀랍습니다.

모두가 갈 수 없다고 한 길을 단숨에 뛰어넘고, 도저히 할 수 없다고 한 일을 뚝딱 해내는 기적을 그분과 함께 만들어 냈습니다. 제가 능력이 없고 가진 것이 없는 게 정말로 다행이고 감사했습니다. 저 같은 사람을 통해서만이 하나님이 하셨다는 것을 백 퍼센트 나타낼 수 있기 때문입니다.

이름도 빛도 없이 선수들에게 '아줌마'라고 불리면서 태릉선수촌 예배에 참석하기 시작해서 바르셀로나, 애틀랜타, 시드니, 아테네, 베이징, 런던올림픽과 아시안 게임 등 20여 개국을 다니며 선수들을 위해 기도하고 복음을 전했습니다. 하도 걸어 다녀서 발톱이 빠지고 영양실조로 쓰러지는 날도 있었지만, 하나님께서 주신 스포츠 선교의 사명을 위해 뛰어다녔습니다. 선수들을 만나서 복음 전하고 기도할 때 방언이 터지고 병이 낫는 치유의 역사도 수없이 일어났습니다. 경기 전에 함께 합심기도를 하고 올라간 선수들이 목에 메달을 걸었으며 그들은 무릎 꿇고 기도하며 하나님께 영광을 돌리기 시작했습니다. 처음에는 더 높이 더 빨리 더 멀리 뛰고 싶어서 기도하기 시작했던 선수들이 조금씩 변해갑니다.

여호와의 입에서 나오는 모든 말씀으로 사는 줄을
네가 알게 하려 하심이라." (신명기 8:3)

　무조건 정상에 서고 싶은 마음에 하나님을 그 수단으로 생각하고 기도를 시작했던 선수들은 메달을 따지 못하면 실망하고 시험에 들기도 했습니다. 그러나 시간이 흐르고 믿음이 깊어질수록 하나님께서는 다양한 방법으로 일하시며 각자를 향한 계획이 있으심을 깨닫고 하나님을 신뢰하는 법을 배워갑니다. 막상 제가 걸어온 길을 책으로 낸다고 생각하니 그저 부끄럽고 민망해집니다. 그러나 얼마 전 서점에 가서 책을 읽는 사람들을 보며 용기를 내기로 했습니다.

　누구나 성공하고 싶어서 책을 읽고 강의를 듣기도 합니다.

　그런가 하면 성공을 위해 달려가다 보니 여기저기 상처투성이가 돼버린 우리는 이제 치유를 받고 싶어합니다. 그러고 보니 저는 아무것도 가진 것 없이 그저 성공과 치유의 달인이신 분과 함께 여기까지 왔음을 깨달았습니다.

　그 이름 예수 그리스도.

　이 책을 통해 윤덕신이 아닌 예수님께서 하신 일을 조금이라도 전할 수 있다면 더는 바랄 게 없는 생각으로 책을 썼습니다.

　그리고 한국 스포츠 선교 사역에 좀 더 많은 관심과 격려가 필요함을 알리고 함께 기도해 주시면 좋겠습니다.

　믿음의 역사를 기술할 수 있도록 도와주신 여의도순복음교회의 조용기 원로 목사님과 이영훈 당회장님께 감사드립니다.

　오직 하나님께 영광을 돌립니다.

축하의 글 *Congratulation*

전 국가대표여자배구 **김철용** 감독

샬롬! 먼저 그동안 사역한 발자취가 책으로 나오게 된 것을 축하드립니다.
전도사님은 예수그리스도의 사랑을 몸으로 실천한 분으로 오랜 기간 태릉선수촌사역을
통해 힘들고 지친선수들에게 기도로 격려하며 자비량으로 올림픽경기를 비롯한 각종
경기를 다닌 분입니다.
빛도 없이 말없이 헌신하며 아무런 조건 없이 주님의 사랑을 알지 못하는 철부지 같은
선수들에게 복음을 전하고 그들에게 큰 힘이 되어주십니다. 은퇴 후에도 신앙으로 양육
하며 끊임없이 교제하고 하나님 나라 확장을 위해 애쓰신 분으로 칭찬 받아 마땅하다고
생각합니다. 이렇게 책으로 살아온 인생의 여정을 필역하게 되어서 축하드리며 앞으로
도 영혼을 사랑하는 그 정열로 더 큰 사역을 잘 감당하시기를 기도합니다.

우슈 **김귀종** 감독

10여년 넘게 윤덕신 전도사님의 삶과 사역을 지켜보며 정말 하나님은 한 치의 오차도
없이 우리의 삶을 설계해 두셨고 직접 인도해 주시는 분이심을 절실히 깨달을 수 있습
니다.
우리 엘리트스포츠 선수들에게 있어서 어머니 같은 존재이자 영적 멘토이신 전도사님의
삶을 통해서 "아, 사명이란 이런 것이구나!" 란걸 알 수 있고 또한 깊은 도전도 받게 됩
니다. 이번에 출간된 책을 통해서 많은 분들이 윤덕신 전도사님을 통해서 일하시는 하나

님을 깊이 만나시길 기대하고 이 책은 우리에게 잔잔하면서 무한한 감동이 있을 거라 믿으면서 저 또한 기대가 아주 큽니다.

백석대학교 스포츠과학부 **빙원철** 교수

기독선수들의 어머니시며, 기도의 어머니이신 윤덕신 전도사님! 20여 년 전 대학시절부터 '바라봄의 믿음'과 '하며된다, 할 수 있다, 해보자!'의 긍정의 신앙을 가르쳐주신 나의 믿음의 멘토이자 어머니이십니다. 전도사님의 기도와 믿음의 본이 현재 나를 있게 해준 가장 큰 원동력입니다.

동부 프로미 **진경석** 농구 선수

윤덕신 전도사님을 통해 믿음생활을 시작했습니다. 지금도 간직하고 있는 십년도 넘은 낡은 성경책 또한 전도사님에게 받은 것인데, 저에게 전도사님은 많은 것을 가르쳐주시고 사랑을 몸소 실천해주셨습니다.
언제나 저 같은 운동선수들에게 바라는 것 없이 쏟아주시고 어머니와 같이 기도해주시고 응원해주신 감사한 분이시죠.
힘든 운동생활 속에서 믿음을 키워나갈 수 있게 지금까지도 지켜봐주시는 전도사님께 감사와 존경을 전하고 싶습니다.

오늘날 스포츠 선교의 중요성이 나날이 높아지고 있습니다. 국제 무대에서 입상한 선수들이 하나님께 영광을 돌리는 장면은 우리에게 큰 감동을 선사합니다.

그동안 윤덕신 전도사는 우리나라 스포츠 선교 사역에 중요한 역할을 감당해왔습니다. 태릉선수촌에서 선수들과 함께 동고동락하며 그들의 신앙을 지도했으며, 1988년 서울올림픽을 계기로 올림픽이 열리는 현지에서 우리 선수들을 응원하고 해외 선수들과 현지 주민들에게 예수님의 복음을 전파했습니다.

이번에 출간된 국가대표 어머니의 기도는 그동안 국내 선교 사역과 해외 선교 사역의 이야기들을 담고 있습니다. 저자의 선수들을 향한 헌신적인 기도와 복음 전파 열정은 읽는 이들에게 많은 도전과 감동을 줄 것이라 생각합니다.

앞으로 스포츠 선교 사역이 더욱 활발히 이루어짐으로 많은 이들이 주님께 돌아오는 풍성한 생명의 역사가 있기를 기대합니다. 또한 이 책을 읽는 모든 분들이 하나님의 크신 사랑과 은혜를 깨닫고 성령 안에서 날마다 새롭게 변화되시기를 축원합니다.

여의도순복음교회 **원로목사 조 용 기**

성경은 하나님의 진리를 일반 사람들이 쉽게 깨달을 수 있도록 여러 가지 비유를 통해서 쉽게 설명하고 있습니다. 그 중의 하나가 운동선수의 비유입니다. 달리기 선수, 권투 선수, 레슬링 선수 등 오늘날에도 우리가 늘 가깝게 느끼고 있는 운동선수들을 예로 들어서 복음의 핵심적인 내용을 전하고 있습니다. 예를 들면 "운동장에서 달음질하는 자들이 다 달릴지라도 오직 상을 받는 사람은 한 사람인 줄을 너희가 알지 못하느냐 너희도 상을 받도록 이와 같이 달음질하라"(고전 9:24)는 말씀은 보충설명을 하지 않아도 즉시 이해가 되는 말씀입니다. 이처럼 운동선수의 비유가 성경에 많이 나오는 것은 그만큼 우리의 신앙생활이 운동경기와 닮은 점이 많기 때문입니다. 상금을 바라보고, 자기 자신을 절제하고, 쉬지 않고 훈련하며, 인내와 용기로 무장하는 것이 운동선수들뿐만 아니라 우리 그리스도인들에게도 필요합니다.

이번에 '국가대표 어머니의 기도'라는 책을 출간하시는 윤덕신 전도사님은 오랜 세월 동안 특별히 운동선수들에게 찾아가서 전도하고 격려하는 사역을 감당해 오셨습니다. 전도사님이 어떤 삶을 살아오셨고 어떻게 하나님께 부르심을 받아 스포츠 선교에 일생을 헌신하게 되셨는지 하는 과정이 잘 설명되어 있는 귀한 기록입니다. 이 책의 출간을 진심으로 축하하며, 이 책을 통해 보다 많은 분들이 고난과 역경 중에도 피할 길을 예비하시는 하나님을 만나서 새 힘을 얻고 회복되어서 하나님께서 주시는 귀한 사명을 감당하게 되시기를 축원합니다.

여의도순복음교회 당회장 **이 영 훈 목사**

CONTENTS

프롤로그 • 4
축하의 글 • 8
추천사 • 10

PART 1

꿈꾸며, 기도하며, 사랑하며

1장 운동선수를 꿈꾸다.

피난이의 꿈 • 21
오대양 육대주의 꿈 • 23
이불 속에서도 자라는 꿈 • 24

2장 포기와 맞서다.

쓰러지고 또 쓰러지고 • 29
그럼 난 뭘 하라는 거죠? • 31
병원에서 다시 꿈을 꾸다. • 33

3장 기도의 문을 찾다

드디어 만나다. • 39
타는 목마름으로 • 42
기도의 문이 열리고 • 44
어메이징 그레이스 • 46
여의도순복음교회 대성전으로 • 49
만민이 기도하는 집이다. • 52

4장 동행 그리고 사랑에 빠지다

흔들리지 않는 법 • 57
이전 것은 지나가고 • 59
구하라, 그러면 너희에게 주실 것이요. • 61
제발 300부만 주세요. • 64

PART

2

사랑 안에
두려움이 없고

5장 크고 은밀한 일

새 하늘 새 땅을 보여주시다. • 75

나를 자랑해라. • 78

일 년에 구두 일곱 켤레 • 80

신학교에 가라고요? • 83

6장 한나의 기도

오대양 육대주의 꿈 2 • 91

귀신을 쫓는 그 이름 • 94

라파, 치유하시는 하나님 • 99

미안해, 엄마 • 105

7장 태릉선수촌으로

눈물의 기도 • 113

더 높이 더 멀리 더 빨리, 그 비결은 • 115

엄마라고 불러도 돼요? • 117

PART 3

말씀의
운동力으로
오대양
육대주를

한 손에는 성경, 한 손에는 태극기 • 125

히로시마에 울려 퍼진 애국가 • 130

애틀랜타, 태산을 넘어 험곡을 지나 • 135

부러진 다리로 아테네를 향하여 • 145

입술로 고백만 하여도 구원받는 이름, JESUS • 157

어느 멋진 날 IN 광저우 • 163

하나님을 사랑하는 청년 • 171

PART

4

나는
메주 같은
여자입니다.

8장 그리 아니하실지라도

광풍에 요동하여 안위를 받지 못한 자여 • 183

무화과나무가 무성치 못하며 • 186

감람나무에 소출이 없을지라도 • 191

여호와로 인하여 기뻐하리라. • 193

나는 언제나 만사형통 • 199

9장 메주가 되다

메주 빚던 날 • 207

나를 빚은 손길 • 210

10장 성막을 지어라.

찢어진 휘장의 의미 • 217

세 가지 법칙 • 221

치매에 걸린 아버지의 벽돌 • 224

11장 사랑합니다. 고맙습니다.

첫 번째 러브레터 _ 유도선수 김재범 • 231

두 번째 러브레터 _ 농구선수 임효성 • 238

세 번째 러브레터 _ 유도감독 현숙희 • 242

네 번째 러브레터 _ 복싱감독 이승배 • 251

다섯 번째 러브레터 _ 축구감독 지승화 • 259

사랑합니다. 고맙습니다. • 263

윤덕신의 스포츠 선교 증거의 장 • 267

PART 1

꿈꾸며, 기도하며, 사랑하며

오 주여 내가 무엇으로 이스라엘을
구원하리이까 보소서 나의 집은 므낫세
중에 극히 약하고 나는 내 아버지 집에서
가장 작은 자니이다. (사사기 6:15)

1장

운동선수를 꿈꾸다.

Heare comes that dreamer. (창세기 37:19)

피난이의 꿈

"난 나중에 저거 타고 어디든지 갈 거야."

해질 무렵 텅 빈 운동장에서 온종일 달리기를 하다가 지친 소녀는 흰 꼬리 여운을 남기며 사라지는 비행기를 볼 때마다 언제나 똑같은 생각을 하며 혼자 중얼거렸다.

피난길에 낳았다 하여 피난이라고 불렸던 아이, 전쟁 속에 피난 가다가 굴러 떨어지는 바람에 여덟 달 만에 태어나고 강보에 싸인 채로 윗목에서 죽은 아이 취급을 받았던 아이, 울음소리로도 자신을 잘 드러내지 않던 소극적인 아이가 할 수 있었던 것은 달리기였다.

같이 놀던 아이들도 해가 지고 어둑어둑해질 무렵이면 하나둘씩 집으로 돌아가서 결국 운동장에 끝까지 남는 건 아이 하나였지만 그래도 빈 운동장을 끝없이 돌다가 지치면 주저앉아서 하늘을 쳐다보곤 했다.

형제 많은 집안의 주목을 받지 못하는 여자아이, 달리기 말고는 잘하는 게 없는 아이, 비행기는커녕 버스를 타고 도시로 나갈 기회도 별로 없던 아이의 마음속에는 실현가능성도 희박한 꿈이 자라나고 있었다.

어린시절

그 '피난이'가 바로 나, 윤덕신이다.

어릴 때 내가 살던 동네에 종을 치는 교회가 있어서 가끔 종소리가 들려오면 나도 모르게 군침이 돌았다. 교회에 가면 과자를 먹을 수 있었기 때문이다. 일 년에 몇 번밖에 가지 않는 그런 곳이었지만, 성탄절에 다 같이 모여서 율동 하는 것도 재미있고, 맛있는 인절미도 먹을 수 있었던 교회가 그 당시 나에게는 즐거운 놀이터 같았다. 우리 부모님은 교회에 다니지 않으셨다. 엄마는 가끔 점을 보러 다니셨고 내가 교회에 가는 걸 끔찍하게 싫어하셨다.

내성적인 시골소녀가 자신이 살아있음을 느끼는 유일한 시간은 달리고 있을 때, 그래서 가끔 부모님 몰래 교회에 가면 매일 운동장을 달렸다. 그리고 운동회 날, 청군 백군으로 나누어 달리기하면 언제나 내가 속한 팀이 나 때문에 승리를 거머쥐는 그 순간뿐이었다.

오대양 육대주의 꿈 1

그날도 어김없이 운동장을 돌다가 비행기의 굉음을 듣고 그 자리에 멈춰 서서 하늘을 바라보았다. 이미 사라진 비행기의 흔적을 바라보다가 수업시간에 배운 오대양 육대주가 생각났다.

우리가 사는 이 지구는 다섯 개의 큰 바다 태평양, 대서양, 인도양, 북극해, 남극해의 오대양과 여섯 개의 큰 대륙 아시아, 북아메리카, 남아메리카, 아프리카, 유럽, 오세아니아의 육대주로 나뉜다. 비행기를 타고 그 넓은 오대양 육대주를 맘껏 누비고 싶은 생각이 마음속에 자리 잡더니, 그때부터는 비행기를 볼 때마다 오대양 육대주라는 단어가 눈앞에 보이는 것처럼 생생하게 떠올랐다. 그러나 누가 들으면 '꿈도 크시네!' 하며 핀잔을 줄까 봐 속을 털어놓지도 못하고 혼자 그 단어를 가슴 깊숙한 곳에 숨겨놓았다. 공항 근처도 가 본 적 없는, 공부도 못하고 몸이 약한 시골소녀가 비행기를 타고 전 세계를 누빌 가능성은 과연 얼마나 될 것인가?

그때는 알지 못했다. '오대양 육대주' 이 단어가 내 인생과 어떤 관계가 있는지, 그 꿈을 갖게 하신 이가 누구시며, 그 꿈을 이뤄줄 분이 누구신지.

이불 속에서도 자라는 꿈

　TV도 없는 시골에서 다른 세상을 만날 수 있는 유일한 방법은 라디오를 듣는 일이었다. 내가 가장 즐겨듣던 것은 연속극도, 가요도 아닌 스포츠 중계였다. 우리나라 선수가 외국에 나가서 경기할 때 손바닥만 한 라디오가 전해주던 아나운서의 흥분된 목소리는 내 가슴을 쿵쿵 뛰게 만들었다.

　형제가 많아서 혼자 방을 쓸 수 없었던 나는 경기가 있는 날이면 라디오를 가지고 두꺼운 이불 속으로 들어가서 볼륨을 줄인 채로 잔뜩 긴장하고 초집중했다. 격앙된 해설자의 음성을 들으며 마치 내가 그 경기장에 있는 것 같은 착각에 빠져들면서 두 손을 꽉 쥐고 이를 악물기도 하고 "고국에 계신 동포"란 단어만 들어도 눈물이 핑 돌았다. 혼자서 북받쳐 오르는 감정에 울며 애국가를 불렀던 적도 한두 번이 아니었다. 내가 뛰거나 남이 경기하는 모습만 보고 들어도 가슴이 설레는 걸 느끼며 막연하게 운동이 나의 길은 아닐까 생각하게 되었다.

　"윤덕신 교무실로 와라."

　어느 날 선생님의 호출을 받고 교무실에 가보니 평소 나의 모습을 지켜보시고 달리기 선수를 해보는 게 어떠냐고 물어보셨다. 나는 그 자리에서 "네!"라고 흔쾌히 대답했다. 드디어 익산에서 열리는 100미터 대회에 나가기 위한 연습이 시작되었다.

꿈은 이렇게 내 삶 속으로 어느 날 갑자기 현실이 되어 불쑥 찾아왔다.

2
장

포기와 맞서다.

The spirit is willing, but the body is weak. (마 26:41)

쓰러지고 또 쓰러지고

나는 배를 내밀고 뛰는 특이한 버릇이 있었다.

짧지 않은 팔을 열심히 내저으며 배를 내밀고 뛰는 모습이 상상이 되는가? 그럼에도 나의 육상실력은 좋은 편이었다. 주목받지 못하던 내가 하루아침에 존재감을 갖고 뭔가에 몰두할 수 있게 되다니 꿈만 같았다. 지금까지는 그저 내가 좋아서 달렸고 누가 알아주지도 않았지만, 상관없이 달렸다. 아니 더 솔직히 말하자면 어차피 아무도 알아주지 않을 거라는 걸 알기에 스스로 상관없다고 처음부터 못박았다는 표현이 맞을 것이다. 그러던 나를 인정해 주고 심지어 기대를 거는 사람들이 생긴다는 게 마냥 신나고 기뻤다. 그동안 혼자 달렸던 시간이 헛되지 않았다는 생각과 대회에 나가서 좋은 성적을 거둬서 실망시키지 않겠다는 결의를 다지며 더욱더 연습에 몰두했다.

희망에 가득 차서 마음은 하늘 꼭대기에 닿아 있었지만, 문제는 다른 곳에서 발생했다. 햇빛 아래만 서면 갑자기 눈앞이 캄캄해지고 조금만 무리하면 하늘이 노래지며 픽픽 쓰러지기 일쑤였다. 시간이 지날수록 뛰지 않고 걷다가도 쓰러지는 날이 많아지면서 놀란 엄마의 손을 잡고 병원으로 향했다. 몇 가지 검사를 한 후 나에게 내려진

진단은 악성빈혈이었다. 헤모글로빈이 절대적으로 부족하다는 것이었다. 약을 먹어도 좀처럼 증상이 호전되지 않았다.

대회가 얼마 남지 않은 상황에서 이런 난관에 부딪히게 되자 선생님도 나도 당황했고 대책이 서지 않았다.

고심 끝에 내린 결론은 대회출전포기였다.

그럼 난 뭘 하라는 거죠?

기대가 큰 만큼 실망도 컸다.

언제나 일등을 도맡아 하는 오빠와 여동생들 사이에서 나는 더욱 더 설 자리가 없어졌다.

엄마는 운동하고 싶어하는 나에게 괜히 공부하기 싫으니까 밖으로 나돈다며 이해해 주지 않으셨고 나는 그럴수록 운동장에서 보내는 시간이 많아졌다.

이불 속에서 듣던 라디오도 운동장으로 갖고 나와 경기가 있을 때는 그동안 갈고 닦은 실력을 발휘해서 실감 나게 직접 중계를 하기도 했다. 아이들은 밤이 되면 학교운동장을 무섭다며 가기 싫어했지만 나는 그 운동장에서 바라보는 별빛 가득한 하늘이 참 좋았다. 계절마다 달라지는 별자리와 초승달에서 보름달까지 변하는 달을 보는 재미도 쏠쏠했다. 육상선수의 꿈이 좌절되고 나서 쇠약해진 몸으로 일 년을 휴학하느라 초등학교도 일 년을 더 다니게 되었다.

졸업 무렵 선생님께서는 몸이 빠르니 군산여중에 농구선수로 추천을 해주시겠다고 하셨다. 그러나 막상 가보니 농구를 하기에는 키가 작다며 결과는 불합격이었다. 거기서 포기하지 않고 다른 여중의 농구부로 면접을 갔는데 테스트를 해보신 선생님께서 발이 빠르니 육상부가 더 적합할 거라는 말씀을 하셨다. 결국, 나의 길은 달리는 것이었구나 하는 생각을 하며 마음을 다잡고 준비를 하기 시작했다. 그런데 무슨 운명의 장난인지 그때 장티푸스에 걸려 고열에 시달리며 결국 육상선수로 입학할 기회를 또 접어야만 했다. 포기의 연속이었다.

그때 다시 한 번 기회가 찾아왔다. 키는 작지만, 왼손잡이여서 다른 선수들과는 반대 방향으로 공을 드리블할 수 있는 장점이 있으니 농구부에 들어오는 게 괜찮을 것 같다는 희소식이 들려왔다. 어리둥절했다. 그러나 농구든 육상이든 뛸 기회만 있다면 상관없었다. 단점을 잘 극복하고 열심히 뛰어 보겠다는 결심을 하며 농구장으로 향했다. 그러나 결코 내 편이 돼 주지 않는 냉혹한 현실 앞에 무릎을 꿇어야만 했다. 예전에 장티푸스를 앓았던 나는 연습도중에 그 부위를 공으로 맞고 가슴막염(늑막염)에 걸려서 운동할 수가 없게 된 것이다. 만약 나의 운명을 조정하는 절대적인 존재가 있다면 손을 걸어붙이고 동서남북으로 내 앞길을 막고 있다는 생각이 들었다. 몇 번의 좌절이 반복되자 누군가에게 묻고 싶어졌다.

"그럼 난 뭘 하란 거죠?"

병원에서 다시 꿈을 꾸다

"병원일을 배워보는 게 어떻겠니?"

포기와 절망 속에 빠져 있을 때 의사였던 고모부가 내게 제안했다. 병원에서 간호일을 배우면서 일해보라는 말씀을 듣고 깊이 고민할 필요도 없었다.

어차피 내가 선택할 수 있는 길은 많지 않았고 하고 싶은 일을 번번이 거절당하고 나자, 딱히 해보고 싶은 일이 생각도 나지 않았기 때문이다. 익숙했던 곳을 떠나 새로운 환경에 나를 던져 보고 싶은 마음도 들었다.

병원의 일은 한마디로 낯설고 고단했다. 그 당시 간호조무사의 역할은 말이 좋아 간호라는 단어가 들어갔을 뿐, 온갖 허드렛일을 도맡아 해야 했다. 연고자가 없는 환자들과 노숙자들이 실려왔고 장티푸스와 곪아 터진 상처들로 만신창이가 된 환자들을 매일 대면했다. 그런 정신적인 고통 말고도 피고름투성이의 거즈를 삶고, 끓는 물에 수술도구를 소독하고, 병원청소를 하고 나면 이미 하루해는 지고 깊은 밤이 되곤 했다. 하지만 나는 불평 없이 누가 보고 있지 않아도 묵묵히 일을 해나갔다.

병원시절

　사실 병원에 근무하면서 제일 힘들었던 것은 바로 낙태수술을 지켜보는 일이었다.

　지금은 법으로 금지되어 있지만, 그때만 해도 낙태수술은 공공연하게 이뤄졌으며 일반 사람들이 아는 것보다 그 횟수가 많았다. 어린 나이에 그 끔찍한 장면들을 바라보며 나도 모르게 결혼에 대한 두려움과 남자와의 관계에 대한 좋지 않은 인식들이 마음속에 자리잡게 된 것을 부인할 수 없다. 정상적이고 아름다운 관계에서 생긴 아이를 지우는 경우는 거의 본 적이 없다. 병원에 와서 낙태수술을 하는 대부분은 불륜이거나 문란한 성생활, 성폭행 등의 결과였으므로 나는 나중에 결혼하지 말아야겠다는 생각을 거의 매일 했던 것 같다.

　환자가 치료를 받고 완치되어 퇴원하는 모습을 볼 때는 나도 기쁘고 좋았지만, 이렇게 반복되는 생활 속에서 나는 탈출하고 싶었다. 아무것도 뜻대로 되지 않는 이곳에서 벗어나 미지의 세계로 가서 살고 싶었다. 그때 서독에 가는 간호사를 모집한다는 소식을 듣고 마음이 설레었다. 그래도 병원에서 몇 년간 근무하며 익숙해졌으니 이왕이면 외국에 가서 간호사 생활을 하는 게 훨씬 나을 거라는 생각이 들었다.

나의 형제들은 나만 빼고 다들 각자의 위치에서 날개를 단 것처럼 인정받고, 자리를 잡아 가고 있을 때였으므로 내가 그 형제들 사이에서 기를 펴고 존재감을 나타내려면 외국이라도 나가야 가능할 것 같았다. 그렇게도 운동을 하고 싶었지만 이리 가도 저리 가도 그 길이 막혀 지금은 소독약 냄새 나는 수술실에서 햇빛도 못 보는 신세가 된 내가 서독에 갈 수만 있다면 살 것 같았다.

한 번 그렇게 생각하고 나니 나는 이미 서독의 간호사가 되어 유럽의 잿빛 하늘 아래 흰 가운을 입고 캡을 쓴 모습으로 우아하게 걷고 있었다. 그런 나의 결심을 알리려고 마음먹고 있을 때 시골집에서 급한 연락이 왔다. 엄마가 갑상선암에 걸려서 치료를 받아야 하고, 동생들을 모두 내가 서울에서 돌봐야 한다는 소식이었다. 겨우 찾은 나의 꿈이 또 한 번 바닥으로 추락하는 순간이었다.

서독행 비행기를 타는 대신 영등포의 한 집에서 동생들과의 동거가 시작되었다.

3장

기도의 문을 찾다.

You did not choose me,
but I chose you and appionted. (요한 15:16)

드디어 만나다.

서독 간호사로 가는 꿈도 꺾이고 동생들을 돌봐야 하는 상황이 되면서 나는 푸념과 원망이 쌓여 갔다.

내가 원하는 것은 단 한 가지도 이뤄지지않는 이 현실이 기가 막히고 원망스러웠다. 그럴 때마다 내가 달려가는 곳은 바로 교회였다. 남들은 기도하러 그곳에 간다지만 나는 넋두리를 하러 가서 펑펑 울다 오는 곳이었다. 교회 문을 열고 들어가서 의자에 앉자마자 눈물이 나왔다.

"도대체 왜 나는 되는 게 하나도 없나요? 할 수 있는 것도 없고 할 줄 아는 것도 없는 내가 무슨 기쁨과 희망을 품고 살라고 나한테 이러세요."

원망의 대상도 분명치 않았고 그냥 소리 지르고 싶었다. 나 같은 사람은 그냥 하루하루 이렇게 시시하게 살다가 때 되면 죽으라는 건지, 잘난 사람들은 매일매일 행복하고 보람있게 지내는 것처럼 보이는데 이건 너무 불공평하다는 생각이 들었다. 그렇게 우울한 날들이 계속되니 몸도 건강할 리가 없었다. 계속 악성빈혈에 시달렸고 집에 누워 있는 시간이 늘어 갔다.

그날도 하늘과 땅이 맞닿는 것 같은 어지럼증에 누워 있는데 현관 초인종 소리가 들렸다. 너무 어지러워서 못 들은 척하고 있는데 또 한 번 벨이 울리고 문을 두들기는 소리가 났다. 무슨 급한 일인가 싶어서 간신히 몸을 일으켜 문을 열어 보니, 동네 참기름장수 할머니가 서 계셨다.

"젊은 처자가 아파서 매일 누워 있다길래 왔어. 우리 순복음교회에 와서 예수 믿고 기도하면 싹 나을 수 있는데."

그 말을 듣자 화가 치밀었다. 겨우 현기증을 참고 나왔더니 고작 예수 믿고 자기 교회로 오라고? 참을 수가 없었다. 대꾸도 안 하고 문을 닫으려 하는데, 문을 붙잡으며 뭐라고 하는 것을 뿌리치는 바람에 할머니는 뒤로 나동그라져서 넘어지고 말았다. 나도 모르게 그런 거친 반응이 나와서 당황했지만, 그렇다고 그 말을 계속 듣고 싶지 않았다. 급히 사과하고 나서 문을 쾅 닫고 들어왔지만, 마음이 계속 불편했다.

누군가 내게 수영이랑 테니스를 하면 좀 나아질거라 권유를 해서 등록을 하고 다니고 있었는데, 그 할머니가 우리 집에 다녀가고 난 후부터 이상한 증상이 생겼다.

"뎅그랑 뎅, 뎅그랑 뎅..."

어릴 적 집 근처 교회의 종소리가 귓가에 계속 울려대는 것이었다. 어디를 둘러봐도 종을 치는 곳이 없었다. 더는 걸어가기 어려울 정도로 그 소리가 귓가를 울리던 어느 날, 수영을 가던 길에 눈에 띄는 교회로 발걸음을 옮겼다. 마침 예배 중이었고 뒷자리에 조용히 앉았다. 앞에서 목사님이 설교 중이었는데 이상하게도 그 말씀이 단 한마디도 귀에 들어오지 않았다. 어떤 느낌도 없이 다시 일어나려는데 교인들이 다가와 반갑게 말을 걸고 주소를 물어보았다. 얼떨결에 주소를 말해주고 나서 그 자리를 빠져나와서 수영하러 갔다.

그날 이후로 교인들은 날이면 날마다 우리 집에 심방하러 찾아왔다. 정말 귀찮고 싫었다. 마음은 점점 더 닫히고 절대 교회에 가지 말아야겠다는 결심을 하던 중에 같이 운동하던 지인이 어느 작은 교회의 딱한 사정을 전해 주었다. 목사님 부부가 심방하러 가면 어린 자녀가 집에 남아서 울고 있다는 것이다. 어떤 말로도 열리지 않던 마음이 아이들이 울고 있다는 얘기를 듣자 움직였다. 믿음이 생겨서 가겠다는 게 아니라 단지 그 아이들을 돌봐 주고 싶은 마음뿐이었다. 그런 마음을 가지고 그 교회에 처음 간 날, 나는 마치 친정아버지가 따뜻하게 안아 주는 듯한 포근함과 사랑을 느꼈다. 나도 모르게 눈물이 흘러서 옷을 적시고 있었다. 그렇게 시작된 눈물은 내 몸속의 모든 수분이 다 빠져나간 것 같은 느낌이 들 정도로 멈추지 않았다. 그 충만한 기쁨은 말로 표현하기 힘들었다.

그렇게 뜻하지 않은 방법으로 만남이 시작되었다.

타는 목마름으로

작고 가난한 교회였기에 늘 일손과 물질이 부족했다.

그래서 더 내가 할 일이 뭐가 있을까 찾게 되고 예배시간이 기다려졌다. 우리 집에 콩나물 500원어치 사는 날은 똑같이 하나 더 사서 목사님 댁에 두고 왔고, 화장실 청소를 하고 계신 목사님을 본 후로 내가 직접 그 일을 하기 시작했으며 꽃 한 송이 없는 강대상을 보

양문교회시절

며 꽃꽂이를 배워서 제단을 꾸몄다. 그래야 맘이 편하고 좋았다.

부흥회가 열리면 맨 앞줄에 앉아서 큰소리로 "아멘 아멘"하며 앉아있는 나를 모두 주목하기 시작했다. 성경을 잘 모르는 내가 말씀 찾는 속도가 느려도 부흥회 목사님들은 찾을 때까지 기다려 주시기도 하면서 나는 은혜가 넘쳤지만, 성도들 사이에서는 시기와 질투의 말들이 오고 갔다. 자신들은 나서서 아무것도 하지 않으면서 그래도 뭔가 보탬이 되고 싶어서 동동거리고 다가온 하나님의 은혜 앞에 어쩔 줄 모르는 내가 곱게만 보이지 않는 모양이었다. 심지어 목사님이 나만 편애한다며 대놓고 불만을 토로하는 사람도 있었다. 그럼에도 불구하고 나는 목말랐다. 그렇게 다가온 하나님과의 만남을 그저 그렇게 뜨겁지도 차갑지도 않은 시시함으로 대할 수 없을 만큼 타는 목마름이 내 안에 있었다.

그래서 그 따가운 시선을 외면하고 기도하기 시작했다.

기도의 문이 열리고

교회에서 나의 멘토가 되어준 권사님이 한 분 계셨다.

"기도합시다. 전심으로 구하는 기도를 시작해야 할 때에요."

"네 권사님 저도 기도하고 싶어요. 기도할래요."

그렇게 시작된 기도는 처음부터 평탄하지 못했다.

기도를 하려고 앉기만 하면 믿기 어려운 일들이 생겼다. 목이 조여와서 숨쉬기가 어려워지거나 목에 걸고 있던 십자가 목걸이를 확 낚아채기도 하고, 머리카락이 잡아당겨 지는 등 도저히 무섭고 두려운 마음에 기도할 수 없도록 뭔가 방해하는 게 느껴졌다. 혼자서는 기도할 수 없을 만큼 소름끼치는 일들이 벌어졌다. 같이 기도하시는 권사님의 대적기도를 보며 나도 어설프지만, 예수님 이름으로 사탄을 쫓는 기도를 하기 시작했다.

놀랍게도 그 어둠의 세력은 예수님 이름으로 기도할 때마다 맥을 못 추고 사라졌다. 그런 경험을 몇 번 하고 나니 기도에 점점 자신이 생기고 담대하게 할 수 있는 용기가 생겼다. 기도하는 시간은 점점 늘어나서 밤 아홉 시부터 새벽 여섯 시까지 이어졌다.

그렇게 오랜 시간을 긴 줄도 모르고 기도하게 된 계기가 있었다.

그날도 큰소리로 찬양하고 대적기도를 우렁차게 하고 나서 나의 간절한 마음을 토해 내며 기도하고 있었다. 그 순간 내가 하는 기도가 흰 눈송이처럼 몽글몽글 맺히면서 하늘로 올라가는 게 보였다. 그 경이로운 모습을 직접 내 눈으로 확인하고 나니 기도하는 것이 무엇보다도 재미있고 시간가는 줄 몰랐다. 기도하지 않고는 견딜 수 없을 만큼 그 시간이 가슴 두근거리고 행복했다. '기도하는 시간에 복을 주시네 네 곤한 내 마음속에 기쁨 충만하네.' 그 찬송이 절로 나왔다.

드디어 기도의 문이 열린 것이다.

어메이징 그레이스

내가 드린 기도가 어떻게 올려지고 있는지 내 눈으로 본 이후 나는 점점 더 하나님과 친밀한 관계를 맺고 싶어졌다.

하루 종일 어떻게 하면 그럴 수 있을까, 온통 내 마음은 하나님으로 가득 차기 시작했다.

그러던 어느 날 시편 말씀을 묵상 중에 '보좌에 앉으신 예수님의 발등상'이란 부분에 마음이 가면서 그 발등상에 기대어 기도하고 싶은 생각이 들었다. 그러고 보니 더없이 낮고 겸손한 마음으로 구해야겠다는 생각에 방석조차 내겐 사치처럼 느껴졌다. 시멘트바닥에 엎드려 그날 내가 구한 것은 방언의 은사였다.

"하나님 제가 겸손히 엎드렸습니다. 저에게 아름다운 방언을 선물로 주세요. 아무도 방해할 수 없는 그 하늘의 언어로 아버지를 찬양하고 대화하고 기도하고 싶어요."

그리고서 한마디를 덧붙였다.

"이왕이면 영어로 방언을 주시면 안 될까요?"

반드시 받고야 말겠다는 철부지 막내딸 같은 심정으로 간절히 방언의 은사를 구하며 맨바닥에 엎드린 지 얼마가 흘렀을까? 갑자기

혀가 돌돌 말려들어 가며 입술이 터질 것 같은 느낌이 밀려왔다.

"오마이 갓! 오마이 프레져! 어.어.어메이징 그레이스…"

얼굴이 불타는 것처럼 뜨거워지며 말린 혀 사이로 터져 나온 것은 '오 마이 갓' 이라는 감탄사에 이어 바로 '어메이징 그레이스' 나 같은 죄인 살리신 영어찬양이었다. 영어라면 한 문장도 제대로 말 못하던 내가 유창한 영어로 어메이징 그레이스를 처음부터 끝까지 두 손들고 찬양하고 있었던 것이다. 그리고서 방언기도가 터져 나오기 시작했다. 목청이 터져라, 목에 핏줄이 서도록 기도하고 또 기도했다. 그러자 위층에 있던 전도사님이 놀라서 내려왔다.

나에게 일어난 이 현상들에 대해 성령님의 역사가 아닌, 너무 기도를 많이 해서 돌았다고 판단했던 모양이었다.

"안 되겠어요, 목사님을 모시고 올테니 기다려요."

본인의 힘으로도 막을 수 없는 나의 방언기도를 보고 당황한 나머지 목사님 사택으로 달려갔다. 전도사님이 나가고 나는 더 놀라운 체험을 하고 있었다.

"내 잃어버린 양을 찾으라. 내가 기도의 능력을 너에게 주겠다."
예수님께서 오른쪽에 지팡이, 왼쪽에 양 한 마리를 데리고 나타나셔서 말씀하셨던 것이다. 놀라움과 감동으로 "할렐루야 할렐루야" 외치고 있을 때 목사님이 들어오셨다. 나를 보고 상황을 짐작하신 목사님께서 전도사에게는 괜찮다고 말씀하시고서 내 머리에 손을 얹고 절제할 수 있도록 기도를 해주셨다.

"만나셨군요. 드디어 만나셨군요. 할렐루야!"
주의 종인 목사님으로부터 성령님의 선물임을 확인받고 나자 그 기쁨은 더욱더 컸다. 그렇게 새벽이 밝아 왔고 밖으로 나오자 길거리의 나무도 나에게 미소 짓고 모든 게 아름답게 보였다. 놀라웠다.

　나는 이제 더는 되는 게 없고 원망과 불평만 가득했던 그 윤덕신이 아니라, 잃어버린 양을 찾으라는 미션을 받은 하나님의 딸, 윤덕신으로 새로 태어난 것이다.

여의도순복음교회 대성전으로

'내게 능력 주시는 자 안에서 내가 모든 것을 할 수 있느니라.'

(빌 4:13)

사막의 버려진 나무지팡이처럼 쓸모없게 느껴지던 내가 하나님을 만나고 나니, 세상에 두려울 것도 능치 못할 것도 없는 자신감으로 가득 찬 사람이 되었다. 내 능력으로 헤쳐 나가려 했던 세상에서는 가는 길마다 막히고 좌절했지만, 이제 내가 가진 자신감은 하늘로부터 주시는 능력에 의지하므로 그 차원이 달랐다. 나를 둘러싼 상황이 하루아침에 바뀐 것이 아니라 그것을 보는 나의 시각과 마음가짐이 달라진 것이다.

"예수 믿고 구원받으세요."

할머니가 내민 전도지를 보니 여의도 순복음교회 소식지였다.

"할머니 여기 가면 성경공부 할 수 있어요?"

"그럼 당연히 할 수 있지."

"근데 순복음교회가 이단이라던데…."

"이단? 이단인데 유명한 목사님들이 와서 부흥회를 하시겠어? 마침 신영균 목사님 부흥회 이틀쨴데 오늘 와서 한번 들어봐."

"그래요?"

"저녁 7시부터지만 워낙 사람들이 많이 와서 일찍 오지 않으면 대성전 출입구는 막으니까 서둘러서 와봐."

앞에서도 말했지만, 교회를 다니기 시작하며 내 안에는 말씀에 대한 갈급함이 있었다. 혼자서 우선 성경을 읽기 시작했는데 이해가 되지 않는 부분이 많았다. 다급한 마음에 극동방송에 전화도 해보았는데 연결이 쉽지 않았다.

하루는 성경책을 펴니 눈앞에 번갯불이 번쩍하는 것이었다. 놀라서 다시 눈을 감았다가 떴는데 또 한 번 강한 불빛이 번쩍하는 것이 아닌가.

"하나님 저에게 말씀이 이해되는 지혜를 주세요. 하나님의 말씀을 깨닫고 싶어요."

그때부터 나는 쉬지 않고 반복해서 성경을 읽기 시작했다. 신약을 13번 정도 읽고 나니 더는 질문거리가 없어질 정도로 말씀들이 이해되었다. 그러던 중 방언을 받게 되었고 직후에 방언으로 말씀도 읽게 되었다. 입으로는 방언을 말하고 있었지만, 머릿속에서는 '에베소서, 갈라디아서, 골로 새서…' 내가 어느 부분을 읽고 있는지 알 수 있었다. 열세 번이 넘도록 통독을 하고 나니 그 정도는 훤히 알게 된 것이다.

그 무렵 나는 교회일에 지쳐가고 있었다. 작은 교회라 할 일은 줄어들지 않았고 자원하는 마음으로 시작한 일이었지만, 점점 내 능력 밖의 일이라는 생각이 들면서 부담스럽고 커다란 십자가가 내 등을 짓누르는 것처럼 힘들었다. 그렇게 힘들어지자 애써 못 들은 척했던 나를 시기하고 질투하는 소리가 아프게 가슴을 찔렀다.

초창기 여의도순복음교회 앞에서

"네가 가봐라. 그 교회로 네가 가봐라."

마음속에 한 음성이 들려왔다. 망설일 필요가 없었다. 택시를 타고 난생처음 여의도순복음교회로 향했다. 일찍 간다고 서둘렀지만, 대성전 입구는 벌써 사람들로 가득 차고 출입구가 닫히기 시작했다.

"아저씨! 잠깐만요 저 쪽 들어가야 해요!"

다급해진 나는 집사님이라는 호칭 대신 아저씨라고 부르며 계단을 두 개씩 올라가며 입구를 향해 돌진했다. 영화의 한 장면처럼 나는 슬라이딩해서 간신히 문을 통과했다.

그것이 나의 여의도순복음교회에 내디딘 첫 걸음이었다.

만민이 기도하는 집이다.

"이곳은 만민이 기도하는 집이다. 만민이 기도하는 집이다."

자리에 앉자마자 내 입에서는 방언기도가 터져 나왔다. 순간 주변의 모든 사람이 나를 쳐다보았다. 부흥회 진행을 맡은 집사님들이 황급히 쫓아와서 나를 말렸다. 내가 손으로 입을 틀어막아도 소용이 없었다. 대성전에서 쫓겨나기 직전에 가까스로 방언기도는 멈추고 큰 소리로 "아멘, 아멘" 외치며 목사님 말씀을 듣기 시작했다. 말씀은 꿀송이처럼 달콤했고 한 마디 한 마디가 다 가슴에 와서 꽂혔다. 그야말로 물 만나서 퍼덕거리며 살판난 물고기 같았다. 그렇게 부흥회가 끝나고 나는 그 자리에서 기도하기 시작했다. 옆에서 같이 기도하는 사람들이 하나둘씩 떠날 무렵 남자 집사님이 오셔서 밤샘기도 하는 곳은 따로 있으니 그곳에 가서 하라고 말했다.

"혹시 신영균 목사님 교회가 어딘지 아세요?"

말씀을 듣고 받은 은혜가 큰 나머지 그 목사님 교회에 가서 더 듣고 싶었다.

"그러지 말고 우리 담임목사님께서 이번 주일에 미국에서 돌아오시니까, 말씀을 들어보세요."

얘기를 듣고보니 이렇게 큰 교회 담임목사님 말씀이라면 한번 들어보고 싶다는 생각이 들었다. 며칠 후 주일이 되고 나는 새벽부터 여의도 대성전에 가서 1부 예배를 시작으로 마지막 7부 예배까지 빠짐 없이 참석했다.

조용기 목사님의 설교 말씀을 들으며 더욱더 하나님과의 깊은 사랑에 빠졌다.

4장

동행 그리고 사랑에 빠지다.

God is love. (요한일서 4:16)

흔들리지 않는 법

원래 남녀 간에도 집안이나 주변의 반대에 부딪히면 더 열렬하게 사랑이 깊어지는 법이다.

내가 매일 밤샘기도를 하고 교회에서 보내는 시간이 길어질수록 집안의 반대는 더 거세졌다. 특히, 오빠와의 관계는 심각했다. 머리가 좋고 공부를 잘해서 한 번도 수석을 놓쳐 본 적 없는 오빠는 우리나라 최고 엘리트코스를 밟아가는 중이었고 원불교 신자였기 때문에 나에 대해서는 못마땅한 것 투성이였다. 우선 여성스럽지 못하고 덤벙거린다는 점, 공부를 열심히 하지 않고 운동선수를 하겠다고 했던 점도 미워했지만, 기도를 너무 열심히 하면 이상해진다는 얘기를 듣고 와서 광신도가 될 수도 있다며 정신 차리라고 했다. 그때 오빠와 올케언니 모두 키스트에 근무하고 있었으므로 내가 조카들을 돌봐 주고 있었다. 그런데 밤샘기도를 시작하자 오빠는 다 큰 처녀가 새벽에 돌아다니는 모습이 남부끄럽다며 도저히 한집에 살 수 없다고 선언했다. 엄마 역시 수녀님들의 기도에 감동되어서 조용히 성당에 다니고 계신지라 밤낮을 가리지 않고 교회에서 사는 나를 아주 못마땅해하셨다. 가족 중 누구 하나 내 믿음을 인정해 주지 않고 지지해 주지 않았지만, 그런 외로움 속에서 나의 절박함은 더 커져만 갔고 그럴수록 내가 믿고 의지할 곳은 오직 한 분 하나님이시라는 생각이 들었다. 하고 싶었던 일마다 다 틀어지고 낮은 자존감으로 아무것도 제대로 할 수 없다는 절망에 빠져 있을 때 아무도 내가 소중한 존재라고 말해 주지 않았다. 그래서 나는 모두에게 잊힌 존재라고 생각하고 있을 때

'너희에게는 머리털까지 다 세신바 되었으니' (마태 10:30)

'너를 지으며 너를 모태에서 조성하고 너를 도와줄 여호와가 말하노라.두려워말라' (이사야 44:2)는 말씀들을 통해 나는 비로소 위로 받았고 담대하게 세상을 살아낼 힘을 얻었다.

'평안을 너희에게 끼치노니 곧 나의 평안을 주노라. 내가 너희에게 주는 것은 세상이 주는 것 같지 아니하니라. 너희는 마음에 근심도 말고 두려워하지도 말라' (요한 14:27)

예수님께서 주시는 평안은 일시적이고 그때뿐인 세상의 얄팍한 위로와는 차원이 달랐다. 얕은 웅덩이는 작은 조약돌 하나만 던져도 그 파장으로 전체가 출렁거리지만, 깊고 깊은 바다는 바윗덩이를 던진다 해도 순간일 뿐 이내 고요해지는 법이다.

똑똑하고 잘나가는 형제들 사이에서 빛을 못 보던 나는 무심코 던진 한마디에도 혼자 상처받고 주눅이 들어 있었으나 하나님을 만난 이후로 말씀을 통해서 평안과 담대함을 공급받으며 흔들리지 않는 법을 배워 가고 있었다.

이전 것은 지나가고

날마다 부딪히며 한집에 사는 것은 서로에게 전쟁 같은 일이었다.

결국, 오빠 집에서 나오게 되었고 여의도 대성전에서의 생활이 시작되었다. 집에 들어가지 않고 밤샘기도를 하던 첫날, 사실 대성전에서 지내는 그 시간이 그렇게 길어질 거라고는 상상도 하지 못했다. 내 의지가 꺾이거나 가족들의 반대가 누그러질 거라고 막연하게 생각했었던 것 같다. 하나님을 만나고 나의 심령은 날마다 새로워졌지만, 육신은 아직 연약하여 기도하다가도 악성빈혈과 현기증은 여전히 나의 걸림돌이었다.

'나는 너희를 치료하는 여호와임이라' (출애굽기 15:26)

'예수께서 그 열두 제자를 부르사 더러운 귀신을 쫓아내며 모든 병과 모든 악한 것을 고치는 권능을 주시니라' (마태 10:1)

'믿음의 기도는 병든 자를 구원하리니' (야고보 5:15)

성경 말씀 속에는 병 고친 이야기가 가득 있었다. 기도의 줄이 잡히고 내 안에 말씀이 쌓여 갈수록 병원에서도 고치지 못했던 내 병을 하나님께서는 얼마든지 낫게 해 주실 거라는 믿음이 생겼다. 파주에 있는 오산리 기도원에서 3일 금식기도를 하고 나자 같이 간 분들은 나의 안색이 너무 안 좋다며 그만 내려가자고 권했다. 나도 몸은 천근만근 기진맥진이었지만 왠지 이틀 금식기도를 더 해야겠다는 생각이 들었다. 다들 말리는 것도 뿌리치고 내 고집대로 이틀을 더 했다. 솔직히 말하자면 내 고집이라기보다는 성령님의 인도하심이라는 표현이 맞을 듯하다. 계획대로 5일 금식기도가 끝났다. 나오는 길에 뒤통수를 쇠파이프로 얻어맞은 듯한 충격에 쓰러졌는데, 그때 나에게서 뭔가 시커먼 덩어리가 빠져나가는 걸 목격한 주변 분들이 계셨다. 나 역시 내게서 검은 뭉텅이가 쑥 빠져나가는 느낌에 앓고 있던 악성빈혈이 깨끗이 나았음을 알 수 있었다.

그때부터 어지럽지도 않고 쓰러지지 않았다. 그러자 장이 짧은 것도 하나님께서 고쳐 주실 거라는 믿음이 생겼다. 장이 짧아서 엎드려뻗쳐를 하면 언제나 엉덩이가 하늘을 향해 솟았다. 그 속사정을 알 리 없는 선생님은 자세가 나쁘다며 체육 시간마다 엉덩이를 때리셨다. 그 후 얼마 지나지 않아서 밤샘예배 중이었다.

"유난히 장이 짧아서 고생하는 사람이 있는데 하나님께서 지금 고쳐 주셨습니다."

그 말씀을 듣자마자 나는 용수철처럼 자리에서 일어나서 외쳤다.

"할렐루야. 하나님 감사합니다. 아멘, 아멘."

그리고서 바닥에 엎드려서 팔굽혀펴기를 해보았다. 끊어질 것 같던 배가 아무렇지도 않았다. 엉덩이가 하늘을 향할 필요가 없었다.

그날로 나의 장은 제 길로 돌아왔다. 할렐루야.

구하라, 그러면 너희에게 주실 것이요.

인간에게 가장 기본이 되는 것은 의식주이다.

집 떠나 있으니 옷에 대한 욕심은 사치였고 편안한 잠자리와 배부른 식사는 나와 거리가 먼 이야기가 되었다. 대성전에서 밤샘기도가 끝나면 새벽예배가 시작되기 전에 청소해야하므로 일단 모두 나가야 했다. 나에게는 하루 24시간 중 그 한 시간 반이 오갈 데 없는 난감한 시간이었다. 특히 겨울은 추위 탓에 밖에 나갈 수도 없었다. 집을 떠나있으니 변변한 옷가지도 없는 나에게 거의 고문과도 같았다.

가만히 서 있어도 온몸이 사시나무처럼 떨리고 이가 딱딱 부딪힐 정도로 유난히 추웠던 겨울날 새벽에 나는 처음으로 남자의 품을 간절히 원했다. 이성으로서의 남자가 아닌 누구라도 좋으니 아는 남자에게 전화를 걸어서 나를 따뜻한 호텔방으로 데려가 달라고 하고 싶었다. 그리고 침대에서 포근하게 날 안아 온기를 나눌 수만 있다면 더는 바랄 게 없었다. 몸으로 죄를 짓지 않겠다고 스스로 다짐했었지만 뼛속까지 얼어붙는 추위 앞에서는 다 부질없는 결심처럼 느껴질 뿐이었다. 나는 머릿속으로 누구를 불러낼까, 이 새벽에 누구에게 전화를 걸까 고민했다. 무작정 전화를 걸려고 주머니 속의 동전을 만지작거리며 걸음을 옮기다가 정신이 번쩍 들었다.

'너 지금 뭐 하는 짓이야. 왜 예수님께 기도하지 않니?'

무릎 꿇고 기도하기 시작했다.

"예수님 저 정말 추워서 죽을 것 같아요. 저 좀 따뜻하게 품어주시고 보호해주세요. 단잠을 잘 수 있도록 도와주세요."

그때 귓가에 조용기 목사님이 작곡하신 찬양과 "나의 갈 길 다 가도록 예수 인도하시니" 두 곡의 찬양이 천상의 화음으로 들려왔다. 천군 천사가 나를 뻥 둘러서서 미소 지으며 불러 주는 것이었다. 마치 특급호텔 스위트룸에서 하루 종일 푹 자고 일어난 것처럼 온몸이 개운하고 따뜻한 상태로 잠에서 깨어보니 성가대 두 번째 줄 의자였다. 그날따라 청소하는 집사님 눈에 띄지도 않고 오전 아홉 시까지 잠을 잘 수 있었다. 갈 곳이 없어서 양변기가 새로 설치된 지금 서점 건물 화장실에서 바닥에 신문지를 깔고 변기 뚜껑을 닫고 기대어 코 골고 자다가 쫓겨나다시피 한 적도 많은 나를 하나님께서 그날 밤 대 성전으로 천군 천사를 보내셔서 위로해 주셨다.

또 한 가지 나의 고민거리인 먹는 문제도 예수님께서는 외면하지 않으셨다. 주일에는 교회에서 해결할 수 있었지만, 평상시에는 끼니를 거르거나 금식기도를 하거나 이 두 가지가 나의 선택이었다. 다시 말하면 굶기를 밥 먹듯이 했다는 이야기다. 다른 사람에게 아쉬운 소리를 잘 못하는 성격이라 배고프다는 내색도 거의 하지 않았고 사람들이 보지 않는 곳에서는 주린 배를 움켜쥐고 다니곤 했다. 그러던 어느 날 한 끼도 밥을 먹지 못하고 기운이 없어 주저앉은 나는 기도를 하기 시작했다.

'구하라, 그러면 너희에게 주실 것이요, 찾으라 그러면 찾을 것이

요. 문을 두드리라, 그러면 너희에게 열릴 것이니' (마태 7:7)

"예수님 나 배고파요. 다른 사람한테 아쉬운 소리 못하는 저를 잘 아시는 예수님께서 배불리 먹여주세요."

그러자 내 눈앞에 믿지 못할 광경이 펼쳐졌다. 예수님께서 내 손을 이끌고 가시더니 어른 주먹만 한 감이 주렁주렁 매달린 감나무 밑에 멈추셨다. 평소에 자다가도 감이라면 벌떡 일어날 만큼 감을 좋아하는 나는 입을 다물 수가 없었다. 그런 나에게 예수님께서는 어서 따 먹으라는 눈짓을 하시고 어디론가 사라지셨다. 그 커다란 감을 따서 순식간에 다 먹어버린 나는 언제 배가 고팠냐 싶도록 뱃속이 가득 차서 든든해졌다. 꿈인지 환상인지 구분 못 할 정도였지만 중요한 건 그 후로 일 년 동안 단 한 번도 나는 배고픔을 느껴본 적이 없었다.

자녀가 힘들고 지칠 때 부르짖으면 그 소리를 듣고 바로 달려오셔서 필요를 채워 주시는 예수님과 동행하는 삶은 언제나 흥미진진했다.

제발 300부만 주세요.

받은 은혜는 흘려보낼 때 비로소 완성된다.

말씀을 통해 날마다 감당할 수 없는 은혜를 받고 보니 내 안에 차고도 넘쳐 다른 곳으로 흘려보내지 않고는 배길 수 없게 되었다. 누가 시키지도 않았건만 새벽 예배가 끝나고 나면 무조건 영등포역까지 가서 전도했다. 아무것도 가진 것 없는 내가 시작할 수 있었던 것은 그 당시 1장에 300원인 순복음소식지를 15장 사서 영등포역에서 나눠주는 일이었다. 밥을 사먹을 돈을 아껴 소식지를 사면 교통비는 당연히 없었다. 여의도에서 영등포역까지 걸어가는 데 걸리는 시간이 50분이라면 도착해서 사람들에게 나눠주는 시간은 채 10분도 걸리지 않았다. 더 많은 사람에게 이 기쁜 복음을 전하고 싶은데 내 수중에 돈이 없으니 열다섯 장 이상 사는 것은 불가능했다.

"하나님 나 더 많이 전도하고 싶어요. 잃어버린 양을 찾으라고 제게 사명 주셨으니 소식지 300부만 주세요. 꼭 300부 전하고 싶어요."

300부가 얼마나 많은 양인지도 모른 채 마음에 감동을 받는 대로 간절히 기도했다.

"전도지? 남선교회에 있는데."

전도지 달라는 기도를 하고 있다는 걸 들으신 목사님께서 내게 하신 말씀이다.

"정말요? 그거 제가 가져가서 돌려도 돼요?"

"되고말고. 아마 300부 정도 될걸? 다 가져가도 괜찮아."

"300부요?"

내 귀를 의심하며 남선교회 사무실로 뛰어가 보니 정말 소식지 300부가 책상에 올려져 있었다. 언제나 세밀하게 내 기도를 듣고 계시며 이루어 주신 하나님을 또 한 번 경험했다. 거기까지는 좋았는데 300장은 내가 상상했던 것보다 훨씬 더 많은 양이었다. 걸어 다니는 일이 대부분인 내가 감당하기에는 벅찬 양이었던 것이다. 가능한 만큼 가방에 넣고 들고 메고 나머지는 경비집사님께 부탁해서 보관해 두곤 했다.

문서 선교회 시절

어쨌든 기도의 응답을 받고 가방 가득 넣은 채로 늘 아쉬움이 남던 영등포역을 향해서 출발했다. 예전에는 잘 몰랐는데 내가 잔뜩 갖고 가보니 길바닥에 수십 장의 전도지가 버려져서 휴지처럼 지저분하게 나뒹굴고 있었다. 그때만 해도 문서선교가 조직적이지 못해서 여의도에서 제일 가까운 영등포역으로 몰려가 무작정 뿌린 전도지가 많았던 탓이다. 나에게는 간절한 기도제목이었던 전도지가 행인들에게는 귀찮은 종잇조각이었고, 역무원들에게는 쓰레기와 시민의 항의가 늘어서 그저 짜증 나는 일에 불과했다.

그럼에도 불구하고 나는 한 영혼이라도 구원하고 싶은 열망에 부지런히 나눠주다가 역전에서 시주함을 놓고 목탁을 두들기는 승려 앞에 섰다. 목탁 두들기는 소리가 그날따라 귀에 거슬렸다. 다름이 아니라 그 승려는 자기뿐만 아니라 다른 영혼들까지 천국 가는 길을 막고 있다고 생각하니 안타깝다 못해 화가 났다.

"예수 믿고 구원 받으세요."

승려에게 교회소식지를 내밀며 말했다. 목탁 치는 것을 멈추고 힐끔 나를 보더니 못 본 척하고 눈을 감았다.

다시 목탁을 두들기며 염불을 외우기 시작했다.

"예수 믿으세요. 다른 사람들까지 지옥 가게 이러시지 말고요."

눈을 번쩍 뜬 승려의 입에서는 차마 입에 담기 어려운 욕설이 쏟아져 나왔다. 그러고도 분이 풀리지 않았는지 역무원 사무실에 가서 나를 고발했다. 나도 무슨 배짱으로 도망가지 않고 거기서 버티고 있었는지 모르겠지만 신고를 접수한 역장이 달려왔다.

"안 그래도 소식지 돌리면서 귀찮게 한다고 얼마나 불만들이 많은지 알아요? 여기저기 굴러다니는 게 다 그 신문인데. 그리고 믿으려면 당신 혼자 조용히 믿으면 되지, 목탁 두들기는 승려한테 전도하다니 당신 제정신이야?"

그동안 쌓인 게 많았는지 나를 보자 역장은 쉬지 않고 쏘아붙였다. 그리고는 남은 전도지를 다 압수해갔다. 나는 그 뒤를 쫓아가며 매달렸다.

"그 전도지만 돌려주세요."

"일단 신고가 접수된 거니까 따라와요."

겁이 났지만 '사람이 너희를 회당이나 위정자나 권세 있는 자 앞에 끌고 가거든 어떻게 무엇으로 대답하며 무엇으로 말할까 염려하지 말라 마땅히 할 말을 성령이 곧 그때에 너희에게 가르치시리라'(누가 12:11-12) 라는 말씀이 생각나서 마음속에서 용기가 솟아났다.

사무실로 따라가 일장훈계를 듣고 있는데 성령님께서 마음속에 주시는 메시지가 있었다.

"십일조로 시험에 드신 적 있으시죠?"

내가 한 말에 깜짝 놀라며 역장은 어떻게 알았느냐고 물었다.

예전에 교회에 다니다가 십일조 많이 하는 성도는 대접받고 돈 없는 성도는 홀대하는 목회자의 모습을 보면서 시험에 들어 그 후론 다시 교회에 가지 않았다는 것이다.

"그런 잘못된 교회도 간혹 있지만, 우리 순복음교회에 한번 와보세요. 우린 십일조도 정해진 자기 봉투에 알아서 넣고 다른 사람이 얼마 하는지, 서로 알지도 못해요. 꼭 여의도순복음교회에 와서 다시 한 번 말씀을 들어보세요."

그러면서 갖고 있던 내 성경책을 역장에게 내밀었다. 그 자주색 성경책에는 '문서선 교회 윤덕신' 이라고 적혀 있었다. 소식지를 돌려

받고 집에 돌아와 그 역장과 승려의 영혼구원을 위해 간절히 기도했다. 몇 주 후 관리 집사님이 나를 불렀다.

"젊은 사람이 이렇게 정신없이 자기 물건을 두고 다니면 어떻게 해? 자 여기."

집사님이 내민 것은 다름 아닌 자주색으로 내 이름이 새겨진 그 성경책이었다. 다시 내 품을 찾아온 성경책을 반가운 맘으로 받아들었다.

'또 이르시되 하나님의 나라는 사람이 씨를 땅에 뿌림과 같으니 그가 밤낮 자고 깨고 하는 중에 씨가 나서 자라되 어떻게 그리되는 지를 알지 못하느니라' (마가 4:26-27)

나는 그저 겨자씨만한 크기의 믿음을 뿌릴 뿐 그것을 자라나게 하시고, 열매 맺고 때가 되어 추수하시는 분은 하나님이심을 깨닫고 나니 결과에 연연하지 않고, 내게 주어진 몫의 일을 부지런히 할 수 있었다.

PART 2

사랑 안에
두려움이 없고

사랑 안에 두려움이 없고 온전한 사랑이
두려움을 내어 쫓나니. (요한일서 4:18)

5장

크고 은밀한 일

Call to me and I will answer you and
tell you great and unsearchable
things you do not know. (예레미야 33:3)

새 하늘 새 땅을 보여주시다.

기도원에서의 5일 금식기도가 끝났다.

두 시간 후에 권사님들과 입구에서 만나기로 하고 나는 다시 무릎을 꿇었다.

"하나님 부르짖으면 보여 주신다고 약속하신 그 크고 은밀한 일을 제게 보여 주세요."

하나님께서 기도하는 내내 예레미야 33장 3절 말씀을 생각나게 하셨기에 이번에 꼭 응답을 받고 싶었다. 잠시 후 내 앞에 그야말로 칠흑과 같은 어둠이 찾아왔다. 평소에 불 꺼진 밤에 볼 수 있는 어둠이 아니라 소름이 끼치도록 새카만 흑암이 몰려들었다.

"예수의 이름으로 흑암과 어둠의 세력은 물러갈지어다!"

예수님의 이름으로 마귀를 쫓는 기도를 하니 물러갔다가 또 금방 흑암의 무리가 달려들었다. 그럴 때마다 온 힘을 다해서 예수의 이름과 보혈로 사탄 대적 기도를 하는데, 허리가 끊어질 것 같이 아프고 온몸은 땀으로 범벅이 되어 정신을 잃기 직전이었다. 아마도 5시간 정도는 마귀와 대적하며 싸운 것 같아서 시계를 보니 50분이 지나갔다. 다시 눈을 감고 기도하는데 흑암의 세력은 간데없이 사라지고 어느 한순간에 하늘의 문이 탁 열렸다. 그 광활한 우주 속에 우리가 사는 지구는 딱 우산 크기만 했다.

"여호와는 위대하시니 찬양받으시리로다. 광대하시도다. 거룩하시고 영원불변하신 분 찬양합니다."

이런 천지 우주 만물을 창조하시고 다스리시는 분이 나를 자녀 삼아 주시고, 아버지라 부르도록 허락하셨다는 생각을 하니 숨이 막히도록 은혜가 차오르며 다윗의 찬양이 흘러나왔다. 더는 내가 무엇을 구하고 무슨 기도를 할 수가 있을까? 조용히 입을 다물었다.

그러나 그것은 시작에 불과했다.

침묵한 내 앞에 눈부시게 하얀 세마포가 하늘을 가득 덮은 채로 휘날리고 있었다. 고대 이스라엘 유목민들이 입던 커다란 천에 머리 하나만 들어갈 구멍이 뚫린 그런 옷이었다. 하늘 아래에는 구원의 길이라고 불리는 곳에서 성벽을 가운데 두고 건너편 사람들을 구원의 길 쪽으로 옮기는 일이 한창이었다. 가장 높은 언덕에서 조용목 목사님과 최 자실 목사님께서 하늘을 향해 뭔가 얘기를 하고 계셨다. 건너와야 할 사람들이 다 옮겨지는 순간 말로 표현하기 어려운 놀라운 일들이 벌어졌다. 마치 강력한 진공청소기로 빨아들인 것처럼 거기에 있던 사람들이 동시에 하늘로 들어 올려지더니 펄럭이고 있던 세마포 뚫린 구멍으로 머리가 쑤욱 들어가며 입혀지는 것이 아닌가? 온 세계 지구 여기저기에서 많은 사람이 들어 올려져서 그 세마포를 입고 하늘로 올라가고 있었다. 수없이 읽었던 요한 계시록의 내용이 바로 눈앞에서 실제로 펼쳐졌다. 그리고서 거대한 돌 십자가가 쿵 소리를 내며 우산크기만 한 지구에 떨어지고 지구는 종이상자처럼 구겨져 버렸다. 부서진 지구는 땅이 갈라지고 무시무시한 불길이 솟아오르기를 두 번을 반복하며 모든 죄악을 불태우듯 삼켜버리고 있었다. 그 불길도 잠시 지구는 흑암으로 덮이며 눈 깜짝할 사이에 자취를 감췄다.

"쿵 크르르르 쿵 드르르륵."

어둠 속에서 뭔가 으깨지고 갈아버리는 둔탁하지만 끔찍한 소리가 들렸다. 그 어떤 생물체도 살아남을 수 없고 그 어떤 물체 또한 형체도 없이 가루가 되는 듯했다. 두려움으로 온몸과 세포까지 다 떨렸다. 얼마가 지났을까? 그 혼돈과 어둠 속에서 지구를 덮고 있던 흑암이 순식간에 사라지고 거기에는 새 하늘 새 땅이 있었다.

그리고 나는 깨어났다.

나를 자랑해라.

"왜 나를 자랑하지 않니?"

새 하늘 새 땅을 보여주신 이후로 내가 입을 열지 않을 때마다 음성이 들려왔다. 그 엄청난 비밀을 알고 나니 나 역시 가만히 있을 수 없었다. 하나님을 알지 못하고 술 취하고 방탕한 영혼들이 갈 곳은 단 한 곳. 꺼지지 않는 유황불로 떨어질 것을 생각하니 한 영혼이라도 구해야겠다는 일념으로 눈만 뜨면 전도하러 다녔다. 영등포역에서는 지난번 일로 역장과 그곳에서는 전도하지 않겠다고 약속했기에 광화문으로 발길을 옮겼다. 안국동에는 조계사가 있어서 유난히 승려가 많았다. 나는 거리에서 시주함을 놓고 목탁을 두들기는 승려 앞으로 갔다.

"예수 믿고 구원받으세요."

목탁 위로 전도지를 내밀며 말하자 대뜸 육두문자가 날라왔다.

'그렇게 화내실 게 아니라 '다른 이로써는 구원을 받을 수 없나니 천하 사람 중에 구원을 받을 만한 다른 이름을 우리에게 주신 일이 없음이라' (사도행전 4:12) 하셨어요. 그러니 스님도 예수 믿고 구원받으셔야죠."

내가 말을 끝내기도 전에 승려는 벌떡 일어나서 입에 담지도 못할 욕을 하며 나를 때릴 기세였다. 실은 조금 겁도 났지만, "그렇게 화를 참지 못하시는 걸 보니 도를 덜 닦으셨군요."라고 끝까지 말하고 전도지를 시주함 위에 올려놓고 그 자리를 황급히 떠났다.

그날 밤 나는 그 승려가 돌이켜서 회개하고 하나님 품으로 돌아오기를 간절히 기도했다. 한 시간이 좀 넘었을 무렵

"딱 딱 딱딱 딱!!!"

부서지라 세게 목탁을 두들기는 낮의 승려모습이 보였다.

자신이 나에게 참지 못하고 화를 낸 것이 부끄럽고 견딜 수 없는 모양이었다. 그러던 그 승려 앞에 하늘에서 커다란 십자가가 내려왔고 그는 뒤로 벌렁 나자빠지고 말았다.

나는 분명히 그가 하나님 곁으로 돌아왔을 것을 믿는다.

일 년에 구두 일곱 켤레

돈이 없는 주인을 만나면 제일 고생하는 것은 무엇일까?

답은 발이다. 하루도 쉬지 않고 전도하러 다니고, 삼각산에 기도하러 가는 게 일과였던 나는 주머니에 돈이 있으면 버스나 지하철을 탔지만 없는 날은 걷고 또 걸었다. 발이 퉁퉁 붓고 물집이 잡히는 건 늘 있는 일이었지만 신발이 문제였다. 끼니를 때울 돈도 없는 내가 신발을 제대로 챙겨 신을 여유는 꿈도 꾸지 못했다. 찢어진 신발을 수선가게에서 꿰매고 고개를 들어보니 광화문 네거리였다.

그 당시 우리나라 유명한 제화업체는 광화문에 큰 매장들이 있었다. 강남보다도 더 번화가였던 그곳에는 우리나라 최고의 멋쟁이 여자들이 최신 유행의 예쁜 구두를 신고 내 옆을 스쳐 지나갔다. 나도 모르는 사이에 제화점 앞에 섰다. 쇼윈도 거울 속에는 남루한 옷차림에 제대로 먹지 못하고 낡은 신발을 신은 젊은 여자가 서 있었다. 눈물 한 방울이 헌 신발 위로 똑 떨어졌다.

"제가 이런 모습으로 좋으신 하나님 아버지를 전하다가 혹시나 그 영광을 가리면 어쩌지요? 보기도 좋고 편한 신발을 주시면 더 열심히 쉬지 않고 아버지를 자랑하러 다닐게요."

그 기도를 하고 돌아서서 여의도로 향했다.

"덕신아!"

뒤돌아보니 친구였다.

"어머 여기 웬일이니? 내가 여기 있는 줄 어떻게 알았어?"

"일단 이거부터 받아."

친구는 다짜고짜 나에게 봉투를 내밀었다.

"이게 뭔데?"

"오늘 무슨 일이 있었는지 알아? 드디어 듣고 말았어."

"뭘 들어?"

"하나님 음성."

친구의 말을 들어보니 건설회사 상무인 남편으로부터 구두상품권 2장을 받았는데, 한 장은 5만 원짜리고 나머지 한 장은 7만 원짜리였다. 넉넉한 살림이라 자기는 더는 구두를 살 필요가 없어서 이 상

전단지를 돌리며

품권을 어떻게 할까 생각하다 자기 딸 선생님과 내 생각이 났다는 것이다. 그래서 선생님께 7만 원짜리를 선물하고 나에게는 5만 원짜리 주려고 마음먹었는데, 그 순간 하나님의 음성이 들렸다고 한다.

"바꿔주어라"

깜짝 놀라서 다시 한번 여쭤보니 역시나 대답은 같으셨다며 동에 번쩍, 서에 번쩍하는 나를 하루 종일 기다려서라도 얼른 전해줄 마음으로 오는 길이었다고 한다. 그런데 차에서 내리자마자 내가 보여서 달려왔다고 했다.

그날 이후로 다양한 경로를 통해 일 년이면 7개의 구두상품권을 공급받아 내 신발 하나를 사고 나면 나머지는 필요한 주변 사람과 나누었다. 그뿐만 아니라 옷도 재밌고 신기한 방법으로 공급해주셨다. 비교적 여유가 있었던 막내 고모와 친구에게 도움을 받곤 했는데 재킷은 고모가, 치마는 친구가 이런 식이었지만 각각 받아와서 보면 마치 한 벌을 맞춰 산 것처럼 기가 막히게 매치가 되었다. 머리에서 발끝까지 하나님의 공급 하심으로 어디 가도 기죽지 않을 만큼 꽤 괜찮은 모양새를 갖추게 된 것이다.

이런 일들이 매일 내 삶 속에서 일어나고 있었으니 어찌 사람들에게 기쁜 복음을 전하지 않을 수가 있을까.

신학교에 가라고요?

다니던 직장도 그만두고 교회와 기도원, 그리고 거리를 다니며 전도하는 나는, 집안의 골칫덩어리로 전락했다. 어릴 때 나만 빼고 다들 공부를 잘해서 장학금을 받고 학교에 다니던 형제들은 시간이 지나자 하나둘씩 자리 잡고 안정된 생활들을 시작했다. 모두 명문대 출신에 유학을 가거나 대기업에 취직되어 가정을 이루었지만, 번번이 진로가 막혀서 되는 일도 없어 보이던 내가 교회에 다니는 걸 보더니 할 말들을 잃은 듯했다.

특히 순복음 교회는 이단이라며 기도를 많이 하는 사람들은 다 머리가 돌아버린다는 둥, 말할 수 없는 핍박이 이어졌다.

"하나님 저는 이제 무엇을 해야 할까요?"

삼각산에 올라가 기도를 시작했다. 내 맘속에 신학교에 가라는 음성이 들렸다. 내가 신학교를 가다니 아무리 생각해도 현실적으로 불가능한 일이었다. 허약한 몸으로 제대로 공부를 마치지 못한 내가 갑자기 무슨 수로 신학교에 다닐 수 있으며, 밥 먹을 돈도 없는데 공부는 어떻게 할 수 있단 말인지 이해가 가지 않았다. 다시 거리로 나가 전도를 하고 교회로 돌아가 기도하면서도 내 마음속에는 신학교라는 단어가 떠나지 않았다. 다시 생각해보니 할 수 없는 모든 상황과 이유는 내 기준이었다. 그러나 능치 못할 일이 없으신 하나님께서 계획하시면 길도 그분께서 열어주실 거란 생각이 들면서 한줄기 희망의 빛이 보이는 듯했다. 그렇지만 워낙 아무것도 없는 나로서는 과연 그 생각이 어디에서 온 것인지 좀 더 확실하게 하나님의 뜻을 여쭤보고 싶었다. 혹시나 하며 알아나 봐야겠다는 생각으로 신학교를 한 군데 다녀오기는 했지만, 왠지 마음에 평안함이 없고 내가 갈 수 없는 이유만 떠올랐다. 그래서 다시 삼각산에 올라가서 기도를 시작하는데 이상하게도 기도 대신 "나 주의 도움받고자 주예수께로 옵니다."라는 찬양만 나왔다.

"저 뭐 좀 물어봅시다."

끝없이 반복해서 그 찬양을 부르고 있는데 남자 목소리가 들렸다.

"네?"

"난 택시 모는 사람인데 하도 맘이 답답해서 올라왔다가 찬양소리 듣고 왔어요."

"아 그러세요. 말씀하세요."

깊은 한숨을 내뱉고 말을 꺼냈다.

"정말 되는 일도 없고 살 길은 막막하고 하루 종일 운전을 해봤자 더는 가망이 없는 것 같아 괴롭네요."

낙심으로 어두워진 그는 예전에 교회도 다녔지만, 형편이 어려워지면서그것마저 그만두었다고 했다. 처음 보는 나를 붙잡고 이런 하소연을 하는 남자의 심정이 내 맘에 전해져 오니 가슴이 아팠다.

"기사님 운전대를 잡고서 이렇게 저랑 대화하듯이 하나님께 마음을 털어놓으세요. 예수님의 이름으로 기도하시면 이 모든 어려움을 해결해주시고 살 길을 열어주실 거에요. 제가 기도해 드려도 될까요?"

갈 길을 잃고 방황하는 남자의 어깨에 손을 얹고 전심으로 간절하게 기도했다. 그는 기도가 끝나자 눈물을 닦으며 고맙다는 말을 남기고 내려갔다. 나는 그가 떠나고 나서도 그를 위해 기도하고 나서 다시 나의 마음을 털어놓았다.

"아버지 신학원을 가라 하시지만, 도저히 제게는 길이 보이지 않고 방법도 없으니 이제 어떻게 해야 할지 모르겠어요. 도와주세요."

"내가 너를 번제로 받겠다."

민수기 10장에 번제물을 드리면 그로 말미암아 하나님께서 기억하신다는 말씀이 기억났다. 나를 번제물로 받으시겠다는 것이었다. 내 몸을 번제물로 드린다는 것은 무엇을 뜻하는 것인지 묵상하다가 갑자기 교회 문서 선교회로 가야겠다는 생각이 들어 산에서 내려왔다. 문서선교회 사무실에는 아무도 없었다. 의자에 앉자마자 문서선교회회장님이신 김경천 장로님이 들어오셨다.

"안녕하세요 장로님."

장로님께서는 약간 상기된 표정으로

"응, 여기 있었군. 자, 나랑 어디 갈 데가 있으니 나갑시다." 라고 하시더니 그 길로 나를 데리고 순복음신학교로 가셨다. 그날 아침 기도를 하는 중에 문서 선교회사무실에 가면 누가 있을 테니 그를 데리고 무조건 신학교에 가서 입학을 시키라고 하셨다는 것이었다. 나의 의견은 묻지도 않으시고 신학교로 일단 출발을 한 후에 설명하시며 질문하셨다.

"신학교에 가본 적 있나?"

"아 전에 한번 갔다가 아닌 것 같아서…."

"자 들어갑시다."

그 길로 입학담당 목사님을 만나서 같이 면접을 보기 시작했다. 형식은 면접이었지만 내용은 무조건 입학시켜야 한다고 주장하고 계셨다.

"하나님께서 시키신 거니까 나만 믿고 무조건 입학시켜주십시오. 아, 그리고 아까 얘기 들어보니 다른 신학교도 다녀왔다니 2학년으로 편입하면 될 것 같습니다. 학비는 우리 문서선교회에서 책임지겠습니다."

나는 다른 신학교를 그냥 보고 왔다고 말씀드린 건데 장로님은 다녔다는 걸로 잘 못 들으신 모양이었다. 해명할 사이도 없이 일사천리로 그 자리에서 나는 신학교 2학년에 편입하게 되었다.

'내 생각이 너희의 생각과 다르며 내 길은 너희의 길과 다름이니라 하늘이 땅보다 높음같이 내 길은 너희의 길보다 높으며 내 생각은 너희의 생각보다 높음이로다'(이사야 55:8-9)

빛의 속도로 행하시는 놀라우신 하나님을 찬양했다.

6장

한나의 기도

He raises the poor from the dust
and lifts the heady from the ash heap,
he seats them with princes and
has them inherit a throne of honor. (사무엘상 2:8)

오대양 육대주의 꿈 2

1970년대 삼각산 능력봉은 밤낮으로 기도소리가 끊이지 않던 한국 기독교의 영지다.

여름의 쏟아지는 장마 속에서도, 겨울 산의 혹한 속에서도 얇은 담요 한 장을 덮고 무릎 꿇은 그리스도인으로 가득 찼던 삼각산은 2000년 1월 1일 자연휴식년제를 지정하여 출입을 막을 때까지는 기

삼각산 능력봉에서

도의 산실이었다. 일단 올라가면 나무 하나씩을 찍어서 오늘 내가 저 나무를 뽑을 때까지 부르짖으리라 결심하고 덤벼드는 사람들이 많았다.

나무를 붙들고 흔들며 기도하는 사람, 나무에 등을 기대고 그야말로 그 나무가 쓰러질 때까지 등을 부딪쳐가며 기도하는 사람, 나무 기둥에 대고 부르짖는 사람 등 다양한 방법으로 기도했다. 지금 생각해보면 애꿎은 나무가 불쌍하다는 생각도 들지만 어쨌든 수많은 사람이 곡기를 끊고 애끓는 심정으로 매달리는 기도를 하고 그만큼 많은 기도응답이 이뤄졌다.

신학교에 다니면서 나도 동기들과 삼각산에 가서 기도를 자주 했는데 그때그때 기도제목은 달랐지만, 꼭 내 입을 통해 나오는 기도가 하나 있었다.

"하나님 제가 오대양 육대주를 두루 다니며 전도할 수 있게 해 주세요."

어린 시절 시골에서 하늘의 비행기를 볼 때마다 "나는 저거 타고 어디든지 갈 거야."라고 입버릇처럼 말하던 내가 이제는 신학생이 되어 삼각산에 올라와 그런 기도를 하고 있었다.

"욕심이 너무 과한 거 아니냐? 간장종지나 밥그릇이 되게 해달라고 해야지, 그렇게 큰 그릇이 되려면 얼마나 엄청나게 깨지고 훈련을 받아야 하는지 알기나 해?"

"그건 좀 아니다. 오대양 육대주가 누구 집 앞마당도 아니고. 기도제목을 좀 바꿔봐."

내 기도를 듣던 동기들은 하나같이 나에게 핀잔을 주고 허황된 꿈이라며 기를 죽였다. 그러거나 말거나 나의 기도는 계속 되었지만 하도 비웃음 섞인 말을 듣다 보니 과연 내 꿈이 잘못된 것인지 아니면 하나님께서 주신 것인지 확인받고 싶어졌다.

"하나님 제가 오대양 육대주를 다니며 말씀을 전하겠다고 하면 모두 비웃네요. 정말 허황된 꿈인가요? 말씀해주세요."

그날도 간절히 기도하고 나서 잠이 들었다.

대성전 건물에 있는 한쪽 벽을 바라보고 있었는데 천정에서부터 커다란 두루마리가 도르르 내려와서 쫙 펼쳐졌는데 그 두루마리에는 '오대양 육대주'라는 여섯 글자가 쓰여 있었다. 꿈에서 깨어나 뛸 듯이 기뻤다. 하나님께서 내 가슴속에 심어주신 꿈 오대양 육대주를 품고 더 담대하게 기도하기 시작했다.

가장 좋은 때에 제일 좋은 방법으로 그 꿈을 이뤄주실 거라 믿었다.

귀신을 쫓는 그 이름

사탄은 어둠 속에서 역사 한다.

밝은 빛 아래 드러나는 것을 두려워하고 아름다움을 거부하며 거절과 분노를 몰고 다닌다.

"그 집에 가서 말씀을 전해주세요."

부탁을 받고 간 곳은 우리나라 법조계의 거물이라는 분의 집이었다. 아직 신학교에 다니고 있던 나는 말씀을 전할 기회라면 무조건 거절하지 않고 다녔지만, 그런 집인 걸 알고 나니 왜 나에게 이런 부탁을 했을까 의아했다. 법조인의 부인은 절을 두 군데나 세울 정도로 열심이었고 생명을 경시할 수 없다는 맘으로 슬하에 11남매를 두었다. 그중 딸 하나가 미모가 출중하고 예뻐서 패션모델을 하다가 어느 날 귀신에 씌어서 식음을 전폐하는 거식증에 걸렸다는 것이다. 직업상 몸매에 신경을 써야 했지만, 그 도가 점점 지나쳐서

"먹지 마, 넌 이미 뚱뚱해. 먹으면 너희 엄마처럼 뚱뚱해져."

그런 환청에 시달리다가 아예 음식을 전혀 먹을 수 없는 상황에 이르렀다. 그 방문을 여니 한기가 으스스한 한기가 느껴지며 방안은 온통 검은색이었다. 빛을 완벽하게 차단하는 검은 암막 커튼, 검은

이불 위에 검은 옷을 입은 여자가 미라처럼 누워 있었다. 긴장되는 맘으로 방에 들어가 여자 곁으로 다 가보니 상황은 훨씬 더 심각했다. 그림에서 본 마녀의 모습이 누군가의 상상이 아닌, 실체를 본 후에 묘사한 것일 수도 있겠다는 생각이 그때 들었다.

광대뼈가 선명하게 드러난 얼굴에는 핏기가 없이 창백하고 입술은 짙푸른 립스틱으로 칠해져 있었다. 손을 잡으려고 보니 검은색에 가까운 군청색 매니큐어를 발라서 기다란 손톱이 더 기괴하게 느껴졌다. 뭘 어디서부터 어떻게 해야 할지 순간 난감했다. 더군다나 이미 다른 장로님들이 기도해주러 왔다가 여자에게 큰 소리로 혼쭐을 당하고 돌아갔다는 말을 들은 터라 조용히 눈을 감고 지혜를 구하는데 하나님께서 말씀하셨다.

"그냥 따뜻하게 안아주어라. 그리고 내가 얼마나 사랑하는지 말해주어라."

즉시 순종하여 처음 본 사이였지만 뼈만 남은 그녀를 조심스럽게 안고 토닥여주었다. 다행히 뿌리치거나 거부하지 않았다. 그래서 "내가 너를 사랑하노라." 하나님의 마음을 전했다. 그렇게 사랑으로 다가가자 그녀는 유일하게 나의 방문을 허락했다. 첫 만남을 갖고 돌아오는 날 나는 반드시 사랑으로 살리고 싶다는 강한 의지가 생겼다. 삼각산에 올라가 신학생 300명에게 그녀의 이름을 부르며 그 영혼을 살려줄 것을 기도 부탁하며 같이 부르짖었다.

그렇게 2년 동안 매일 그녀를 찾아가서 예수님의 이름으로 사탄을 물리치는 기도를 하고 말씀을 전했다. 주변에서는 아직도 그 집에 찾아가느냐고 묻는 사람도 있었지만 나는 절대 포기할 수 없었다. 그녀가 다시 예전의 아름다움을 회복하여 하나님께 감사하고 찬양 드리는 모습을 꼭 보고 싶었다. 그녀의 엄마는 자식이 열한 명이나 되는데다가 속 썩이고 집안의 부끄러운 존재인 딸 하나쯤 살든지 죽든지 별로 상관없다고 했지만 아버지는 달랐다.

조금씩 변하는 딸을 보며 나와 함께 기도원에 가서 하나님께 매달리며 기도했다. 특별히 조용기 목사님께도 데리고 가서 안수기도를 받았다. 걸을 수도 없을 만큼 쇠약해지고 몸에는 살이란 게 남아 있지 않아서 휠체어에도 방석과 담요로 몇 겹을 둘러야 했다. 나는 그녀를 부축하며 사람의 엉덩이뼈가 세모라는 걸 처음 알게 되었다. 휠체어에 의지해서 기도를 받으러 온 그녀를 보고 깜짝 놀라신 조용기 목사님께서는 자리에서 벌떡 일어나셨다. 그리고는 그녀의 머리 위에 손을 얹고 치유기도를 해주셨다.

"걱정하지 마세요. 하나님께서 치유해 주셨으니 다 나았어요. 당신은 이제 살아날 겁니다."

목사님의 확신에 넘치신 그 눈빛에서 나는 반드시 그녀가 회복될 것을 믿었다. 원래 외모에 관심이 많고 아름다운 걸 좋아하던 그녀는 특히 자신의 머리카락을 사랑했다. 시체같이 화장하고 검은 옷만 입는 와중에도 머리만은 언제나 미장원에 갔다 온 사람처럼 가꾸고 단장했다.

어느 날 내가 아버지와 기도원에서 기도를 마치고 돌아오니 대성통곡하는 소리가 들렸다. 놀라서 그녀의 방문을 열어 보니 그야말로 아수라장이 되어 있었다. 방안은 쑥대밭이 되어 있고 늘 단정하게 손질되어 있던 그녀의 머리카락이 젓가락 하나도 들어갈 틈 없이 헝클어져 있었다. 도저히 사람의 힘으로는 그렇게 할 수 없는 기괴한 모양이었다. 기가 막힌 상황에서 우선 그녀를 따뜻하게 안아 주었다. 통곡이 흐느끼므로 잦아들며 말문을 열었다.

"그 목소리가 들렸어요. 전도사님이 내려오고 있으니 이제 더는 나한테 남아있기 어려울 것 같다며 머리를 헝클어뜨리자고 했어요. 그래서 가르쳐 주신 대로 예수 이름으로 쫓아냈어요."

그녀가 2년 만에 드디어 예수님의 이름으로 사탄에게 대적한 것이다.

'기도 외에 다른 것으로는 이런 종류가 나갈 수 없느니라' (마가9:29)

바로 지금이란 생각이 들었다.

믿음의 손을 얹고 기도하는 순간 그녀의 몸이 심하게 떨렸다.

"전도사님 나갔어요. 떠난다고 말했어요."

기도가 끝나자 그녀가 울면서 내게 말했다.

"할렐루야! 예수님이 승리하셨어. 이젠 살았다."

부둥켜안고 우는데 그녀가 몸을 일으켰다. 천천히 창가로 다가가더니 암막 커튼에 손을 댔다. 그녀 스스로 그동안 자신을 세상으로부터 가두었던 암막을 치우기 시작했다. 힘에 겨워 보였지만 아주 천천히 그 일을 하는 모습을 지켜보았다. 얼른 가서 도와주고 단숨에 커튼을 쫙 걷어줄 수도 있지만 그건 그녀의 몫이었다. 커튼이 열리며 빛줄기가 방안에 가득 차기 시작했다. 숨이 차고 눈이 부신 듯 손바닥으로 눈을 가리더니 천천히 손을 내리고 빛을 향해 눈을 돌렸다. 나는 그 광경을 바라보며 머릿속에 2년 동안 함께 했던 시간이 파노라마처럼 쭉 지나갔다. 뜨거운 눈물이 얼굴 위로 흘러내렸다. 커튼을 다 걷어버리고 화장대로 가더니 손거울을 들고 자신의 모습을 바라보았다. 밝은 빛 아래 적나라하게 드러난 자신의 처참한 몰골에 충격을 받은 그녀는 내 손을 잡으며 떨리는 목소리로 말했다.

"전도사님 나 좀 살려주세요."

"걱정하지 마. 너 살려 주시려고 나를 보내신 거야."

"그럼 나도 우리 언니처럼 결혼할 수 있어요?"

그녀의 입에서 뜻밖의 질문이 나왔다.

"그럼 결혼할 수 있지. 하나님께 기도하면 뭐든지 다 할 수 있지."
판사와 결혼해서 잘 사는 언니를 부러워하는 마음이 그 영적인 전쟁
을 치르는 동안에도 그녀의 마음속에 있었던 것이다.

그날 이후 급속도로 회복이 된 그녀는 판사를 지내고 변호사가 된
남편을 만나게 되었는데 나는 그녀의 결혼식 꿈을 꾸었다. 결혼식이
시작되고 신부 입장으로 나선 그녀는 친정아버지 대신 내 팔짱을 끼
고 있었다. 신랑 앞에 가니 신랑이 웃으며 그녀의 손을 이제 자기에
게 넘겨달라고 했다. 그 새신랑의 얼굴을 보니 깎아 놓은 밤처럼 말
끔하고 예뻐서 손을 넘겨주면서도 마음이 흐뭇했다. 그런 꿈을 꾸고
나서 얼마 후 청첩장을 받고 결혼식에 참석한 나는 신랑 얼굴을 보
고 깜짝 놀랐다. 바로 내가 꿈에서 본 그 얼굴의 신랑이었던 것이다.

지금 그녀는 변호사 남편과 아이 낳고 잘 지내고 있다.

라파, 치유하시는 하나님

"덕신아, 조용기 목사님께 기도 좀 받을 수 있니?"

급히 서초동 집으로 호출한 막내 고모는 내가 의자에 앉기도 전에 말을 꺼냈다.

"왜요? 고모 어디 아파?"

"나 말고 고모부 회사 회장님 사모님이 위독하셔서. 너 할 수 있지? 그렇지? 내가 고모부한테 너는 기도부탁 할 수 있다고 큰소리쳤거든."

"그럼요. 우리 조 목사님은 사랑이 많으셔서 아픈 사람 위해서 기도해주시죠."라고 말은 했지만 사실 조 용기 목사님과 개인적인 친분이 없는 나로서는 하루 24시간도 모자를 정도로 일정이 바쁜 목사님의 기도를 언제 받을 수 있을지 장담할 수 없는 상황이었다. 그렇지만, 고모한테 말한 것처럼 사랑이 많은 분이시니 어떻게 해서라도 기도를 해주실 거라는 생각이 들었다. 일단 고모에게 주소를 적어 달라고 했다.

막내 고모는 총명하고 단정한 외모로 당시 장관비서실에 근무하다가 국내 정유회사에 다니던 고모부를 만나서 결혼했다. 고모는 아기가 생기지 않아서 마음고생을 하다가 교회에 다니게 되었고 하나님께서는 내 입술을 통해 아이를 주실 것을 약속하셨다. 내가 그 말을 전한 후 얼마 안 되어 정말 아이를 갖게 되고 출산한 후로 고모와 나는 각별한 사이가 되었다. 신앙생활을 시작하며 집을 나와 있는 동안 고모는 내게 옷도 주고 가끔 집에서 잠도 잘 수 있도록 도움을 준 터라 고모에게 뭔가 해주고 싶은 마음도 컸다. 다음 날 주소에 적힌 대로 찾아가니 연희동 고급 주택가였다. 그곳의 집들은 담장도 높고 대문크기부터 달랐다. 그 집 앞에 도착해서 초인종을 누르기 전에 우선 심호흡을 하고 기도했다.

"하나님 저에게 담대함을 허락하시고, 들어가서 전할 말씀이 생각나게 해주세요."

육중한 철대문을 열고 들어가자 농구장 크기만 한 정원과 자동차가 3대나 주차된 것을 보고 놀랐다. 주눅이 들만도 한 상황이었지만 세상 어떤 부자 앞이라도 나는 만군의 여호와 이름을 가지고 가는 것이니 두렵지 않았다. 그 집에서도 나의 등장으로 당황한 기색이 역력했다. 그 이유는 조금 지나고서 알게 되었다.

정유회사 회장님은 서울대를 나와서 미국 버클리대를 졸업한 엘리트였고 병이 든 사모님은 일본에서 와세다 대학을 졸업한 재원이라고 했다. 장에 암세포가 생겨서 일본의 유명한 병원으로 수술하러 갔는데 장을 잘라 내는 수술을 몇 번 거듭하자 의사가 더는 수술은 불가능하다고 했다는 것이다. 그럼 더는 방법이 없느냐고 매달리자 딱 한 가지의 가능성만 남아 있다고 했다. 의사 말로는 한국에 조용기 목사님이란 분한테 기도를 받으면 낫는다는 얘기를 들었다며 그 기적밖에는 바라볼 곳이 없다고 했다. 그 말을 듣고 귀국한 회장님은 그때부터 조용기 목사님이 누군지 수소문하기 시작했고 그때 미국에 사는 큰딸로부터 전화가 왔다.

"아빠 생각해보니 나 대학 때 같은 과 친구 엄마가 위암 말기여서 병원에서도 포기했는데, 다니던 교회 담임목사님 기도를 받고 완치됐었거든요. 그 교회가 여의도순복음교회란 게 아침에 생각났지 뭐에요. 여의도순복음교회목사님 좀 만나 보세요."

때마침 걸려온 딸의 전화를 받으며 회장님은 여의도순복음교회라는 걸 알게 됐다. 그날로 비서를 시켜 조용기 목사님께 전화해서 집으로 오시도록 조처를 하라고 지시했다는 것이다. 국내 굴지의 정유회사 회장님의 말이라면 대한민국에서 되지 않는 일이 없다고 생각하던 회장님에게 돌아온 답변은 그건 불가능하다는 것이었다. 거절이라는 걸 모르고 살아온 회장님은 오기가 생겨서 직원회의를 주재하면서 혹시 여의도순복음교회 조용기 목사님을 잘 아는 사람이 없는지 물어보았고, 고모를 통해 간간이 내 소식을 들었던 고모부가 그 자리에서 처조카가 잘 안다고 대답한 것이다. 다소 복잡해 보이는 경로를 통해 나는 그 집에 가서 복음을 전하게 되었고 회장님은 그 받기 어렵다는 조용기 목사님 기도를 받게 해 줄 수 있다는 사람이 집으로 온다고 잔뜩 기대를 하고 있는데 젊은 여자가 나타나 당황했다는 것이다. 집에 들어가 안방에 누워 있는 부인을 보는데 그 침실에 있는 장롱부터가 엄청났다. 중들이 제작했다는데 그 자체가 커다란 부적 덩어리였다. 그러니 집안 곳곳이 어떠했는지는 상상에 맡긴다. 기도를 한 후에 말씀을 전하는데 한 대목에서 회장님의 눈빛이 달라졌다.

'건강한 자에게는 의사가 쓸데없고 병든 자에게라야 쓸 데 있느니라' (마태 9:12)

"흠…, 그렇지. 병이 들고 나니 다시 찾게 되는군."

원래 자신은 버클리대를 졸업할 때까지 교회를 다녔다고 했다. 그러다 부인을 만나서 결혼 승낙을 받으러 일본으로 가니 처가가 일본의 독실한 불교 집안이라 외동딸을 줄 수 없다고 거절당했다고 한다. 부인이 엄마가 돌아가실 때까지만 교회에 다니지 말고 참으면 그 후에는 같이 교회에 나가겠다는 약속을 했고 두 사람은 결혼했다. 그러나 장모님이 돌아가시고 나서도 자신은 한국에 돌아와 회사를 세우게 되고 바쁜 핑계로 교회에 다니지 않게 되었다는 것이다.

"그런데 윤 전도사 우리나라 서울시내에 교회가 몇 개고, 십자가 달린 건물이 몇 갠줄 아시나?"

"글쎄요. 세어보지는 않아서…왜요, 회장님?"

"대충 세어 봐도 수백 개가 넘을 텐데 이 영안이 열리지 않으니까 단 한 개도 눈에 보이지 않는 거야. 윤 전도사를 만나기 전에 십자가가 내 눈에 보였다면 직접 들어가서 조용기 목사님에 대해 물어봤을 텐데 말이야."

사람들은 흔히 자신의 선택으로 교회에 다니게 되고 하나님을 믿기로 했다고 생각한다. 그러나 엄밀히 말하자면 그 표현은 적절치 않았다.

'너희가 나를 택한 것이 아니요 내가 너희를 택하여 세웠나니'

(요한 15:16)

하나님께서 택한 영혼들이 때가 차면 말씀이 귀에 들리고 눈에 보이는 것이다. 그 회장님 역시 부인의 질병이라는 고난을 통해 하나님의 부르심에 대답하게 된 것이다. 그렇게 매일 신학교 수업이 끝나면 연희동에 가서 말씀을 전하고 밤샘예배를 위해 여의도까지 걸어 다녔다.

"하나님 이렇게 튼튼한 두 다리를 주신 이유가 있으셨군요. 감사합니다."

걸어 다닐 수 있는 두 다리를 감사했더니 발가락이 짓무르고 부르터서 도저히 걸을 수 없는 날은 어김없이 길거리에 토큰이 하나씩 떨어져 있었다. 연희동에서 밥을 먹고 나오는 날도 있었지만, 시간이 맞지 않아 그냥 나오는 날에는 배가 고팠다. 주머니 속에는 헌금 300원이 전부였는데 너무 허기가 져서 망설이다가 헌금에서 130원을 꺼냈다. 배고픈데 한 번은 눈감아 주실 거로 생각하며 자동판매기에서 율무차 버튼을 눌렀다.

결과는 나의 참패였다. 앞사람이 커피를 빼지 않고 갔는지 내 율무차가 그 컵 위에 겹치는 바람에 먹을 수 없게 된 것이다. 부끄러웠다. 육신의 소욕을 이기지 못해 헌금에 손을 대다니…. 누군가는 말한다. 무슨 하나님이 그렇게 야박하게 자녀를 굶게 하고 버스비도 안 주시냐고. 그러나 나는 안다. 유아 축구교실의 훈련과 국가대표 축구선수의 훈련 강도가 같을 수 없듯이 잃어버린 양을 찾으라는 사명을 받은 나에게는 반드시 거쳐야 할 훈련코스였다는 것을.

조용기 목사님께 기도를 받을 수 있도록 부탁을 해 놓고 매일 말씀을 전하러 연희동에 가게 되자 회장님은 나의 그런 모습을 좋게 보신 것 같았다. 늦은 시간에 가게 되면 끝나고 기사를 시켜 집까지 데려다 주라고 했다. 광명시에 5층짜리 연탄을 때는 아파트에 살고 있던 나는 일부러 큰 아파트 단지 앞에서 내려서 걸어갔다. 가난이 부끄러워서가 아니라 나의 그런 사정을 알고 혹시라도 그 집에서 부담을 느낄까 봐 일부러 그렇게 했다. 인간에게 기대하고 의지하는 삶에서 벗어나 오로지 하나님만 바라보는 연습을 하는 중이었다. 드디어 조용기 목사님 비서실에서 연락을 받고 기도를 받으러 교회로 향했다. 부인은 혼자서 걸을 수 없을 만큼 상태가 나빠서 양쪽의 부축을 받고 대기하는 곳의 복도 의자에 앉아 있었다. 그 건물에는 조용기 목사님 전용 엘리베이터가 있었다. 11층에 엘리베이터가 도착하고 그 문이 열리는 순간 앉아 있던 부인이 '쿵' 하고 뒤로 나동그라졌다. 뜨거운 성령의 불이 임한 것이다. 모두 놀라서 부인을 일으켜 세우러 가는데 그녀는 혼자 일어나서 스스로 걸어 조용기 목사님 앞에 섰다. 조용기 목사님은 부인의 머리에 손을 얹고 간절히 기도하셨다. 기도를 받는 부인의 얼굴이 강 같은 평화로 가득차 올랐다. 누군가의 부축 없이는 걷지도 못하던 그녀가 기도를 받고 나서 혼자 걸어서 교회를 나섰다. 그날 예수님을 만난 부인은 두려움이 떠나가고 평안 가득한 1년을 사는 동안 가족 27명을 전도하고 천국으로 떠났다.

'가난한 자를 진토에서 일으키시며 빈궁한 자를 거름더미에서 드사 귀족들과 함께 앉게 하시며 영광의 위를 차지하게 하시는도다'
(사무엘상 2:7)

한나의 기도를 하루에 100번씩 했던 나에게 하나님께서는 세상의 높은 지위와 돈 많은 자에게 복음을 전하게 하셨다. 평생 말 한마디 섞을 기회조차 없는 그들이 귀신들리고 병 들었을 때 나를 보내사 예수님의 이름으로 손 얹고 기도하게 하시고 함께 울고 웃게 하신 것이다. 세상 부러울 것 없어 보이는 사람들도 모두 그 내막에는 아무도 모르는 상처와 나약한 모습들이 존재한다.

돈으로도 권력으로도 그 어떤 쾌락으로도 잊을 수 없는 아픔을 치유하시는 분은 오직 한 분, 하나님이심을 고백한다.

미안해, 엄마

"교제하는 사람 없으면 우리 아들 한번 만나볼래요?"

하루는 어느 권사님께서 나에게 조용히 물어보셨다.

자기 아들이 울산 현대에 근무하는데 아직 믿음이 없어서 신앙 좋은 여자를 찾고 있다며 선을 보라고 하셨다. 나를 좋게 보신 모양이었다.

"네. 한번 생각해볼게요."

그렇게 대답하고 다시 기도원으로 향했다.

'사도 바울이 혼인하지 않은 자들에게 나와 같이 그냥 지내는 것이 좋으니라' (고린도전서 7:8)

말씀한 것이 마음에 와 닿기도 하고 어린 나이에 산부인과 일을 하며 남자를 만나는 것에 대한 신비감이 없었던 것도 사실이었다. 그러나 독신을 고집한 것은 아니어서 하나님께 그 길을 묻기로 하고 기도를 시작했다.

"엄마…, 엄마…, 보고 싶어요…."

예레미야서를 읽는데 내가 모태에서 엄마의 살과 피로 만들어졌음을 읽는 순간 갑자기 엄마에 대한 그리움으로 눈물이 쏟아졌다.

엄마에게 용서를 빌고 사랑을 고백하라는 하나님의 음성이 들려
왔다.

신학교 졸업식에서 부모님과 함께

그 길로 기도원에서 나와 공중전화를 걸었다. 몇 번의 신호가 둘
리고 엄마가 전화를 받았다.

"…엄마!"

"여보세요? 누구, 덕신이냐?"

"엄마. 엄마 보고 싶어…. 나 집에 가도 돼?"

"그럼 이것아. 그걸 말이라고 하냐? 얼렁 집으로 와."

5년이라는 시간을 대성전에서 살았다. 하나님에 대한 사랑이 깊
어 갈수록, 그 사랑을 전하러 다닐수록 가족과의 갈등이 깊어지고
무서워서 아예 집에 들어가지 못했다. 엄마와의 통화를 끝내고 집에

가자 금방 지은 밥에 정성 가득한 밥상을 차려 놓고 기다리고 계셨다. 다른 말이 필요 없었다. 우리 모녀는 앉아서 밥을 먹기 시작했다. 반찬 그릇을 조금씩 내 앞으로 밀어주는 것으로 엄마는 마음을 표현했고 늘 배가 고팠던 나는 그게 단순한 허기가 아니라 엄마에 대한 그리움이었음을 깨달았다.

"엄마 나 유리 교회 권사님이 선보래."

"선? 누구랑? 뭐 하는 남잔데?"

"권사님 아들, 울산 H에 근무한대."

"그래? 그래도 네가 밖에서 행실 똑바로 하고 다녔는가 보네. 아들한테 소개를 해주고 싶다니"

돌아오는 주일에 엄마와 함께 우리 교회에서 그 남자를 12시 반에 만나기로 약속했다. 주일 아침이 되자 남자를 만나는 것보다도 엄마와 함께 여의도순복음교회에 처음으로 간다는 것이 더 긴장되고 떨렸다. 그런데 약속시간이 지나도록 권사님도 아들도 보이지 않았다. 연락도 되지 않는 상황에서 나는 얼굴이 화끈거렸다.

"어차피 성당 가도 미사 시간이 지났으니 여기서 예배라도 보고 가야겠다."

네가 하는 게 다 그렇지 뭐라는 핀잔 대신 엄마의 입에서 나온 말이 믿어지지 않았다. 엄마와 함께 대성전에 가서 예배를 드리는데 마침 그날은 어버이 주일이었다. 조용기 목사님의 부모를 공경하고 사랑하라는 설교 말씀이 끝나고 나오는데 엄마가 내 손을 잡았다.

"그동안 괜한 걱정을 했다. 세상에 저렇게 좋은 말씀을 듣는 줄도 모르고…."

그날부터 엄마는 나에게 순복음 소식지를 가져오라고 하셨다. 안

그래도 300부를 가져왔어도 워낙 양이 많아 한꺼번에 다 돌릴 수가 없어서 경비집사님께 맡겨둔 걸 찾아오게 된 것이다. 선보는 일이 불발된 대신 더 크고 멋진 선물을 받았다. 바로 엄마가 그동안의 오해를 풀고 복음을 전하는 일을 시작하신 것이다. 엄마도 주변에 그 소식지를 돌리며 내가 그동안 부딪혔던 오해와 무관심을 경험하셨고 나의 마음을 이해하게 되었다.

다른 사람도 아닌 엄마와 함께 한 곳을 바라보며 복음을 전하기 시작하자 정말 두려울 것도 서러울 것도 없었다.

7장

태릉선수촌으로

Those who sow in tears
will reap with songs of joy. (시 126:5)

눈물의 기도

실업인 연합회에서 체육 선교회를 조직한다는 소식이 들려왔다. 아직은 정식으로 출범하지 못했지만, 봉사자를 모집하고 있었다. 체육이라는 말에 귀가 번쩍한 나는 단숨에 달려가서 두 번째로 등록을 했다.

"태릉선수촌에 가서 기도 좀 해주세요."

매일 가위에 눌려서 고생하는 기계 체조 선수가 있는데 아무래도 기도를 해야 나을 것 같다며 그 코치가 기도요청을 했다. 평소 나를 기

태릉선수촌 샬롬성전 초창기 때

도 많이 하는 사람이라고 생각하신 권사님께서 같이 가서 기도해주면 좋겠다고 하셔서 선수촌으로 갔다.

국가대표 선수들이 땀 흘려서 훈련하는 태릉선수촌에 가보니 감회가 남달랐다. 내가 그토록 하고 싶었던 운동을 하는 어린 선수들이 부럽기도 하고 그렇게 사랑스러울 수가 없었다.

가위에 눌린다는 선수를 만나서 믿음의 기도를 손 얹고 하였더니 감사하게도 그 선수는 그날 이후로 가위로부터 해방되었다. 기도로 선수가 낫고 나서 일주일에 한두 번씩 기도가 필요한 선수들을 만나러 태릉선수촌 숙소에 가게 되었다. 선수촌에는 교회의 형태를 갖추지 못했지만, 중고등학생들 수업하는 공간에서 선수들이 모여 예배드리는 공간이 있었다. 나는 무조건 그 예배에 참석하고 끝나면 뒤에서 선수들과 인사를 나누었다. 처음 보는 사람이 인사를 하니 누군지 몰라서 나를 아줌마라고 부르는 선수도 있었지만 상관없었다.

전날 밤 태릉에서 예배가 끝나고 다시 여의도에서 밤샘기도를 끝낸 뒤 집에 가는 길이었다.

"하나님 제가 어릴 적 그렇게 운동을 하고 싶었는데, 그 좋아하는 길을 허락하셨다면 뭐가 되어도 되었을텐데…"

이렇게 마음을 털어놓는데 눈물이 주르륵 흘렀다. 그 눈물이 마르기도 전에 내가 체육선교회 소속전도사가 되었다는 통보를 들었다.

"감사합니다. 제가 국가대표 선수로 태릉에 가지 못했지만, 그 땅에 전도사로서 발을 내딛게 해주셔서 정말 감사합니다."

숙소에서만 기도를 해주다가 태릉선수촌 에서 예배시간에 첫 설교를 하던 날 나는 감격의 눈물을 흘렸다.

그 눈물의 의미는 하나님과 나만 아는 것이었다.

더 높이 더 멀리 더 빨리, 그 비결은

모든 것에는 대가가 따른다.

포기하지 않고는 얻을 수 없다는 것을 운동선수들을통해 보고 느꼈다. 어린 나이에 하루 24시간을 오로지 훈련에만 집중하고 쏟아붓는다. 친구들과의 수다도, 좋아하는 음식을 맘껏 먹는 것도 그들에게는 꿈에서나 가능한 일이다. 조금의 잡념이라도 허락하면 그것은 곧 부상으로 연결되고 부상은 면죄부가 되어 줄 수 없다. 고스란히 자신이 견뎌내야 하는 몫이며 전 세계인이 집중하는 그 무대에 서기까지는 그 나이에 감당하기 어려운 경쟁을 수없이 이겨내야 가능하다.

강인한 체력과 정신력도 언젠가는 한계에 부딪히고 그때는 두 가지의 선택이 남는다. 그냥 포기하던가 아니면 한계를 인정하고 하나님 앞에 무릎을 꿇던가. 두 가지 다 포기하는 것처럼 보일지 모른다. 그러나 전혀 그렇지 않다. 인간이 자신의 무능함을 인정하고 그 주도권을 하나님께 드릴 때, 바로 그때가 하나님께서 일을 시작하시는 타이밍이기 때문이다. 그 비밀을 알게 되자 나는 선수들에게 자신의 능력으로만 한계를 뛰어넘는 것이 아니라, 시편의 다윗처럼 하나님의 도움닫기를 하는 법을 알려주고 싶었다.

'내 하나님을 의지하고 담을 뛰어넘나이다.' (시 18:29)

'너희가 열매를 많이 맺으면 내 아버지께서 영광을 받으실 것이요.' (요한 15:8)

하나님께서는 우리가 그 안에 거하며 많은 열매를 맺기 원하신다.

그러니 운동선수들이 모든 경기에 임할 때마다 하나님께 영광을 돌리겠다는 마음을 가진다면 매 순간 함께하시며 도와주시지 않겠는가.

처음에는 단순히 아픈 부위에 손을 얹고 육신의 고통과 상처를 위해 기도했지만 시간이 지날수록 우리 선수들이 세계로 뻗어 나가서 운동을 통해 하나님의 영광을 나타내고 복음을 전하는 선교사로서의 역할을 감당하는 그날을 꿈꾸게 되었다.

엄마라고 불러도 돼요?

태릉선수촌으로 예배를 드리러 다니게 되었지만, 여전히 주머니 사정은 나아지지 않았다.

튼튼한 두 다리를 감사하며 태릉선수촌도 걸어 다녔다. 비가 오는 날은 발목까지 흙탕물에 젖었고 추운 날에는 발가락이 동상에 걸려서 짓무르고 피가 나기 일쑤였다. 피가 나면 양말에 달라붙어서 저

복싱 이승배선수와 함께

녁에 양말 벗을 때 살갗이 다 벗겨지는 고통이 밀려왔다. 그러나 그런 통증도 선수들과 말씀을 나누고 싶은 내 뜨거운 열정을 막지 못했다.

바르셀로나 올림픽 이후 선수촌에서 눈에 띄는 선수가 있었다. 예배 때마다 빠지지 않는 훤칠한 외모의 이승배 복싱선수였다. 기도도 열심히 하는 모습이 예뻐서 경기 때마다 응원을 가고 사진도 찍어서 전해주며 안면을 익혔다. 그러던 어느 날 이승배 선수의 안색이 좋지 않았고 며칠 동안 잘 보이지 않았다. 걱정이 되어 그를 위해 기도를 하고 나오다가 마주쳤다.

"승배야 무슨 일 있니?"

"저 기도하러 가도 돼요?"

"그럼 난 열 시까지 있을 거니까 기도하러 와라."

그날 저녁때 승배가 교회로 왔다.

"전도사님 저 병원에 갔다 왔어요."

"병원? 어디가 아파서?"

"부상당한 허리가 잘 낫질 않아서요…. 경희대 의료원에 가서 치료받고 왔어요."

그 말을 듣는 순간 나는 승배에게 기도해 줘야겠다는 생각이 들었다.

"승배야 기도하자. 하나님께서 고쳐주실 거야. 전도사님이 기도해줄게."

'병든 사람에게 손을 얹은즉 나으리라.' (마가 16:18)

성령님의 인도 하심으로 손을 얹고 기도하자 이승배 선수의 허리 통증은 고침 받았다. 그날 이후 승배는 더욱더 기도를 열심히 하는 청년이 되었고 나와 각별한 사이가 되었다. 선수촌에서 예배를 드리기 시작하고 봄 여름 가을 겨울 그렇게 사계절이 일곱 번 바뀌었다. 그날도 육사에서 태릉선수촌으로 걸어가며 젊은 청년들이 내 앞을 지나가는데 문득 나에게도 저런 아들 한 명만 있으면 정말 좋겠다는 생각이 들었다.

"아버지 나도 저런 아들 하나만 있으면 정말 힘든지 모르고 이 길을 계속 갈 수 있을 것 같아요. 오늘따라 그런 생각이 드네요…."

나무 아래를 걸어가는데 눈물이 얼굴 위로 흘렀다. 선수촌 교회에 도착하여 책상 위를 정리하고 있는데 인기척이 들렸다.

"전도사님."

승배였다.

"앉아. 밥은 먹었니? 몸은 괜찮고?"

"네."

이런 저런 얘기를 나누는데 승배가 수줍게 말문을 열었다.

"전도사님 저 부탁이 하나 있는데…."

"뭔데 말해봐."

"들어주셔도 되고 아니어도 괜찮아요."

"뭔데?"

혹시 어려운 성경 말씀에 대한 질문인가 궁금했다.

"저…, 엄마라고 불러도 돼요?"

순간 내 가슴 한구석에서 뭔가 뜨거운 것이 끓어오르는 것처럼 달아오르고 맥이 탁 풀렸다. 오늘 아침 육사 앞을 걸어오며 불가능하다는 걸 알면서도 하나님 앞에 잠깐 나의 허전한 마음을 털어놓았을 뿐인데 24시간이 지나기도 전에 내가 아끼는 승배로부터 그런 말을 들은 것이다. 목이 메어 대답을 못하고 눈물을 흘리는 나를 승배가 놀란 눈으로 바라보았다.

"괜찮으세요? 혹시 제가 무리한…"

"아냐 아냐. 승배야 되고말고. 그렇게 불러만 준다면 나야 기쁘고 고맙지. 승배 같은 아들 둔 어머니가 참 부러웠는데…"

그렇게 승배는 내 믿음의 아들이 되었다. 그리고 보니 선수촌 교회 말고 어느 교회에 출석하는지 궁금해졌다.

"승배야 너 어느 교회에 출석하니?"

"아 교회요? 교회는 아니고요 가정예배를 몇 명이 모여서 드리고 있어요."

"가정 예배?"

기존 교회에서 상처가 있는 사람들이 모여서 고구마랑 옥수수도 쪄먹고 맛있는 음식을 나누며 기도한다고 했다. 한 가족처럼 그 분위기가 좋아서 그 시간이 편하다는 것이었다.

"그럼 주기도문과 사도신경도 하니?"

"아니요."

조금 아쉽고 안타까운 생각이 들었다.

"너 암탉이 알 품는 거 본 적 있니? 일단 알을 낳고 품게 되면 그 암탉은 알 근처에 누가 오기만 해도 날카로운 부리로 사정없이 쪼아서 공격하지. 우리 여의도순복음교회에 출석하면 내가 그런 역할을 해 줄 거야. 신앙생활을 하면서 수없이 영적인 전투를 해야 하는데 제대로 된 공동체에 속해야 해."

그렇게 해서 승배는 여의도순복음교회에 나오게 되고 매 경기 때마다 기도로 준비하고 그 열매를 통해 하나님께 영광을 돌리는 귀한 믿음의 아들이 되었다.

PART 3

말씀의 운동力으로
오대양 육대주를

하나님의 말씀은 살아 있고 활력이 있어
좌우에 날선 어떤 검보다도 예리하여
혼과 영과 및 관절과 골수를 찔러
쪼개기까지 하며 또 마음의 생각과
뜻을 판단하나니. (히브리서 4:12)

한 손에는 성경, 한 손에는 태극기

"하나님 우리 선수들을 위한 전문 사역자를 보내주십시오. 선수들에게는 사랑으로 감싸주고 눈물과 수고를 마다하지 않을 기도의 사람이 필요합니다."

스웨덴에서 사역하시던 김홍원 목사님의 기도 제목이다.

그곳으로 훈련하러 온 선수들을 인도하여, 말씀으로 양육하고 뜨겁게 기도하며 모두 방언의 은사를 받을 수 있을 정도로 양육하여도 귀국하면, 순복음교회 출석으로 이어지지 않아서 안타까워하셨다. 전문사역자가있다면 고국으로 돌아오고 순복음교회로 인도하여 잘 양육하는 것이 가능할텐데 그럴 수 없었기 때문이다. 바르셀로나 올림픽을 앞두고 마침 귀국하신 김 목사님을 만나 얘기하는 도중에 탁구 선수들로부터 연락을 받았다. 국가대표 선수들은 올림픽 경기를 앞두고 여러 가지 이유로 자신의 부상을 숨기는 경우가 많았다. 현정화, 김택수 등 많은 선수가 크고 작은 부상에 시달리고 있어서 기도를 받기 원했다. 선수촌에 들어가지 못하고 기흥에 있는 연습 장소에 모여 있다는 것이다.

"목사님 혹시 지금 시간이 있으신가요?"

"심방 약속이 되어 있는데 왜 그러시죠?"

김 목사님을 모시고 선수들에게 같이 가서 기도해주고 싶었는데 이미 선약이 있었다.

"부상당한 선수들이 기도 받기를 원해서요. 목사님 같이 가셔서 기도해주시면 힘이 될 텐데"

"아 그래요? 일단 출발합시다. 서두르면 기흥 들렀다가 심방 갈 수 있을 것도 같아요."

급히 출발하여 경부고속도로에 들어서니 이미 도로 위는 주차장처럼 꽉 막힌 상태였다.

"갓길에 잠시 정차하죠."

심방하러 가는 것이 선약이니 아무래도 기흥 선수들에게 가는 것은 무리인 것 같았다. 나도 더는 부탁하는 것은 무례한 일이라 생각하고 그저 안타까움에 발을 동동 구르고 있었다.

"갑시다. 기흥으로!"

잠시 차를 세우고 기도하시더니 선수들에게 가자고 하는 것이 아닌가.

"어머나 감사합니다 목사님."

우리 선수들이 목사님의 기도를 받을 수 있다고 생각하니 나도 모르게 어머나 라는 감탄사가 흘러나오며 눈물이 쏟아졌다. 바로 그 순간 김 목사님께서는 자신이 그토록 애타게 찾던 그 사역의 적임자가 나라는 생각을 하셨다고 한다. 그렇게 선수들을 만나서 뜨겁게 기도하며 성령 충만한 시간을 가질 수 있었다. 다시 방언으로 기도하게 되고 부상당한 선수도 무사히 올림픽에 출전하게 되는 역사가 이뤄졌다. 그 후 김 목사님 추천으로 체육선교회 전담 목회자가 되었고 교회의 후원을 받아서 바르셀로나 올림픽에 참석할 길이 열렸다. 이제는 직접 그곳에 가서 마음껏 기도로 선수들을 응원할 수 있게 된 것이다. 실은 기도 받기를 원하는 선수들이 많다는 것을 알게 된 계기가 있었다.

하루는 선수촌 교회에서 예배를 드리고 있었는데 하나님께서 어떤 선수에게 말을 걸라고 하셨다.

"자네 레슬링 선수인가?"

그때만 해도 선수들 얼굴을 잘 모를 때라 서로 어색한 건 마찬가지였다.

"그런데요. 왜요?"

그 선수는 나를 위아래로 훑어보며 대답했다.

"나 여의도순복음교회에서 나왔는데…."

"여의도순복음교회요? 그럼 조용기 목사님 만날 수 있어요?"

대뜸 나에게 조용기 목사님을 만나게 해달라는 거였다.

"그럼 당연히 만날 수 있지."

나는 일단 그렇게 대답하고 나서 다시 물었다.

"근데 조용기 목사님을 알아?"

"우리 엄마가 나 어렸을 때부터 그러셨어요. 넌 살면서 조용기 목사님 만나서 안수기도만 받을 수 있다면 축복받은 인생이라고 했거든요."

현재 순복음교회 박성하 목사의 레슬링 국가대표 슈퍼 헤비급 선수 시절의 이야기다.

그날부터 나는 내 말에 책임지려고 밤샘예배 때 기도 받을 길을 열어 달라고 간절히 기도했다. 한 장로님께 레슬링 선수들이 조용기 목사님 기도를 받고 싶어하는 데 방법이 없느냐고 여쭈니 당장은 어렵지만, 실업인 연합회 월례회의 때 참석하시니까 그때 자리를 마련해 보겠다고 약속하셨다. 남산 힐튼 호텔에서 열리는 그 모임에 연습을 마치자마자 달려온 선수들이 모습을 드러냈다. 모든 순서가 끝나자 그날 귀국해서 피곤한 조용기 목사님께서는 선수들과 반대방향으로 걸음을 옮기셨다.

"목사님! 목사님!!!"

다급해진 박성하 선수가 목청 높여 목사님을 불렀다.

나는 걸음을 멈추신 목사님 앞으로 가서 선수들을 불러 모았다.

"목사님 올림픽 출전 준비하는 레슬링 선수들인데 목사님께 기도받으러 여기까지 왔어요."

목사님께서는 몹시 반가워하시며 어서 오라고 손짓하고 모두에게 축복기도를 해주셨다. 기도가 끝나고 선수들 모두 얼마나 기뻐하고 좋아하는지, 보는 내 맘이 행복으로 가득 찼다. 날마다 이런 시간을 가질 수 있다면 얼마나 좋을까. 특히 이역만리 타국의 경기장에서 직접 기도해 주면 얼마나 좋을까. 상상하던 그 일이 현실로 다가온 것이다. 체육선교회에서 비행기표와 체류비를 후원받아 스페인 바르셀로나 선교사님 댁에서 머물게 되었다. 바르셀로나로 향하는 내 가방 속에는 성경책과 대형 태극기가 들어 있었다.

어릴 때 내 그림에 제일 많이 등장한 것은 바로 태극기였다. 특별한 이유도 없이 그냥 태극기가 좋았다. 내가 직접 가슴에 태극마크를 달고 뛸 수는 없지만, 응원석에서 대형 태극기를 휘두르며 대한민국 선수를 응원할 기회를 하나님께서 열어 주신 것이다. 바르셀로나의 집사님 댁에 머물고 있는데 역도협회 전무님으로부터 연락이 왔다. 전병관 선수가 금메달에 도전하는데 우리가 함께 예배를 드리고 응원을 갔으면 좋겠다는 것이다. 그곳에 가니 역도협회 회장인 해태 회장님도 와 계셔서 예배를 드리고 이미 경기가 시작된 역도장으로 향했다. 56kg의 자그마한 체구의 전병관 선수가 모습을 드러낸 순간 두근거리는 마음으로 간절히 기도했다. 잠시 후 경기장은 함성으로 가득 찼다. 작은 거인 전병관 선수가 한국 역도 사상 처음으로 올림픽 무대에서 정상에 오른 순간이었다.

나는 가지고 간 태극기를 전병관 선수 손에 건네주었고 전병관 선수는 바르셀로나 경기장에서 그 태극기를 흔들며 감동을 전했다.

바르셀로나 올림픽에서는 유도 윤현 선수의 팬이 유난히 많았다. 열렬한 팬이라며 응원하기 위해 스페인까지 온 12명의 배낭족 청년들도 있었고 경기장 앞에서 김밥을 팔던 교민도 윤현의 팬이라고 했다. 같이 응원할 배낭족 청년들을 만나게 되어 반갑고 좋았지만 아무리 노력해도 표를 구할 길이 없었다. 윤현 선수를 응원해 줄 수 있는 기회가 주어지길 간절히 기도하며 다음 날 경기장으로 향했다.

"자 이거 받아요."

김밥을 파는 교민이 전해준 것은 놀랍게도 유도 경기 입장권이었다. 한 장도 아닌 배낭족 청년들것까지 어렵게 구해서 우리에게 전해준 것이다. 먼 이국땅에서 한마음으로 응원하는 모습이 보기 좋다며 수줍게 웃었다. 우리는 감사한 마음을 전한 후 그 표를 들고 들어가 목이 터져라 큰 소리로 응원했고 그 날 윤현 선수는 은메달을 목에 걸었다.

윤현 선수는 그 후 히로시마 아시안 게임 때 코치가 되어 김관현 감독님과 함께 현숙희 선수에게 기도해 줄 수 있도록 많은 도움을 주었다.

히로시마에 울려 퍼진 애국가

6개의 강이 흐르는 도시, 물의 도시인 히로시마가 세상에 알려진 것은 1945년 8월 6일 오전 8시 15분. 세계 최초로 원자폭탄이 투하된 날이다. 인구의 3분의 2가 그 자리에서 죽거나 방사능에 노출되어 죽은 것이다. 원자폭탄이 떨어진 그 자리에는 평화공원을 세우고 이 지구 상에서 핵무기가 사라지는 그날까지 꺼지지 않는 불꽃을 밝힌다는 평화 불꽃 조형물도 있다. 그러나 강제노역으로 그곳에 끌려가 일하다가 희생당한 우리 민족의 위령비는 평화공원 안에 없었다. 그곳의 한인들의 마음속에는 차별과 억울한 희생에 대한 눈물이 새겨져 있다. 그런 도시 히로시마에서 1994년 아시안 게임이 개최된다고 할 때 왜 이런 도시에서 열리게 되었는지 의아한 생각이 들었다. 그 히로시마 아시안 게임을 위해 매일 오전 10시부터 밤 10시까지 성전에서 기도했다. 그 무렵 조용기 목사님의 '바라봄의 법칙'에 대한 말씀을 듣고 많은 사람이 은혜를 받았다. 자신의 꿈과 기도 제목이 성취된 모습을 상상하고 바라보면서 기도하라는 것이었다.

유도 현숙희 선수는 무릎 부상으로 고전 중이었는데 바라봄의 법칙을 실제로 행동에 옮겨서 기도했다. 유도복을 입고 금메달을 목에

건 채로 무릎 꿇고 기도하는 모습을 카메라로 찍어서 인화하여 천정에 붙여 놓고 기도하는 것이다. 1991년 국가대표로 선발되어 국내대회는 성적이 좋았지만, 세계무대에 오르지 못했던 현숙희 선수는 돌아가신 아버지의 유언도 늘 가슴 속에 담고 있었다.

"우리 숙희 큰 시합에서 메달 하나 따는 거 보고 눈을 감아야 할 텐데…."

결국, 아버지는 돌아가시고 한이 맺힌 현 숙희 선수는 그 사진을 바라보며 매일 한 시간씩 기도했다. 복싱의 이승배, 펜싱의 전미경 선수 등 하루에 30분씩 혹은 한 시간씩 기도하는 선수들이 늘어났다. 밤마다 금메달 따고 기도하는 모습을 바라보며 기도했던 현숙희 선수는 사진 속의 그 모습을 히로시마 경기장에서 그대로 재현하는 영광을 맛보았다. 현숙희, 정선용, 정선숙, 이 세 명이 나란히 금메달을 따는 바람에 유도 경기장에서는 30분 간격으로 태극기가 올라

현숙희 선수

가고 애국가가 울려 퍼졌다. 하루에 몇 번씩 울려 퍼지는 애국가를 들으며 목이 터지도록 함께 따라 부르며 흐느끼는 사람들이 있었으니 바로 히로시마 원폭 피해자 한인들이었다. 휠체어를 타고 오거나 얼굴도 형체를 알아볼 수 없을 정도로 부상이 심한 그분들의 지난 서러웠던 세월을 조금이라도 보상받는 기분이라고 했다. 하나님께서는 제대로 위로받지도 못한 억울한 희생자들을, 30분 간격으로 울려 퍼지는 애국가를 통해 치유하시려고 일본에서 여섯 번째 크기의 도시 히로시마에서 아시안 게임을 개최하도록 하신 것이다. 주여 삼창과 애국가 응원을 통해 우리 선수들은 약물검사를 해 볼 정도로 하늘을 날아올라 빈 곳에 내리꽂는 놀라운 에너지를 발산했다.

배구의 장윤희 선수는 어깨가 탈골된 상태에서 트레이너가 출입카드를 발급받지 못하는 바람에 임시로 치료받은 상태에서 경기에 참여해야 하는 최악의 상황이었다. 금메달을 놓고 결승전이 시작되자 1,2세트를 내리 졌다. 이도희, 정선애 모두 기도하는 딸들이었는데 김철용 장로님이 계셨으니 무슨 일이 벌어질 것 같은 예감이 들었다. 3세트 시작 전 옷 갈아입는 시간을 틈타서 김철용 장로와 선수들이 손에 손을 잡고

"주여! 주여! 주여!"

삼창을 부르고 양쪽 사이드에서 용수철처럼 튀어 올라서 빈 공간을 내리꽂게 해 달라고 기도했다. 정말 3, 4세트에서 기도대로 정선애, 장윤희가 뛰어올라 빈 공간에 꽂아 넣고 박수정은 떨어지는 공을 잡아내자 5세트에는 상대편 선수들이 이의를 제기했다. 아무래도 약을 먹은 것 같다며 약물검사를 요구했다. 선수 모두 당당하게 테스트에 응하고 결과는 정상이었다. 금메달을 획득한 우리 팀은 하나

님 앞에 영광을 돌렸고 나는 기모노 입은 여자들 앞에서 태극기를 흔들며 메달의 기쁨을 나타냈다. 농구 경기 때도 정은순 선수가 "전도사님 기도해주세요." 기도를 부탁했다. 후반전 시작하기 전에 주여 삼창을 한 후 믿는 선수와 믿지 않는 선수가 모두 손을 잡고 간절하게 기도를 하고 경기에 임했다. 감사하게도 그날 우리나라 농구팀은 금메달을 따게 되었다. 믿는 선수들은 흩어져서 무릎을 꿇고 하나님께 영광을 돌렸다.

나중에 일본 언론이 한국 선수들과의 인터뷰에서 "도대체 너희가 믿는 신은 누구인가?"라고 물었고 우리 선수들은 입을 모아 "전능하신 하나님."이라고 증거했다. 그들의 에너지원은 바로 하나님의 운동력, 말씀과 기도였던 것이다.

'하나님의 말씀은 살아있고 운동력이 있어' (히브리서 4:12)

나는 그 말씀의 운동력을 경험했고 그 운동력이 바로 엄청난 비밀이라는 걸 깨달았다.

히로시마 아시안 게임은 여러 가지 독특한 점이 많았다.

통상적으로 마지막 경기는 마라톤이다. 제일 먼저 스타디움트랙 결승지점을 밟는 선수가 우승하며 모든 경기를 마무리 짓는 것과는 달리 히로시마 아시안 게임은 마라톤이 일정 중간에 있었고 마지막 경기는 1600미터 계주였다.

지인을 통해 들은 바에 의하면 바르셀로나 올림픽에서 전 세계를 놀라게 한 황영조 선수가 유력한 우승후보자로 지목되자 스타디움에서 애국가가 울리는 것을 막기 위해 일본의 가장 막강한 종목인 1600미터 계주 경기를 맨 마지막으로 편성했다는 것이다.

그 얘기를 듣자 더 오기가 생겼다. 어떻게 해서든 그 얄팍한 속셈을 납작하게 만들어 주고 싶은 생각이 간절해졌다. 그런 가운데 우리 배구선수들의 놀라운 활약과 선수 및 김철용 감독의 간증은 일본 언론에 대서특필 되어 화제가 되었다. 히로시마의 송용구 선생님은 그 기사를 바탕으로 번역하여 전도지를 만들었고 나는 그 300부를 경기장 주변에서 나눠 주며 전도를 시작했다.

그때 상무 팀의 관계자가 내 옆으로 뛰어왔다.

"전도사님 지금 급해요. 빨리 경기장에 오셔서 기도해주세요. 1600미터 계주에 모든 게 걸려 있어요."

그 경기장에는 일본 천왕의 동생을 비롯한 고위 관리들과 흥분한 일본 국민들로 가득 차 있었다. 1600미터 계주 최고 기록을 갖고 있었기에 일본의 금메달 획득은 이미 기정사실로 받아들인 채 그 축제 분위기를 즐길 준비를 하고 있었다.

기세 좋게 달리던 일본의 두 번째 선수가 세 번째 선수에게 바통을 넘기는 순간 거짓말처럼 바통이 미끄러져 바닥으로 떨어졌다. 한 순간 경기장 내에 정적이 흘렀다.

그 날 일본이 경기 일정을 바꿔가면서까지 그토록 결사적으로 막고 싶어 했던 일이 결국 벌어지고 말았다. 우리나라 육상 팀은 금메달을 목에 걸었고 히로시마 스타디움에는 애국가가 울려 퍼진 것이다. 직접 눈으로 보고도 믿겨지지 않는 놀라운 결과를 보며 하나님께 감사의 기도를 드렸다. 이 내용은 어찌 된 일인지 우리나라 언론에도 거의 밝혀지지 않았지만 그 날 그 자리에 있던 한국 사람들은 애국가를 부르며 하나가 되어 감격의 눈물을 흘렸던 역사적인 날이다.

애틀랜타, 태산을 넘어 험곡을 지나

올림픽 경기 개최지가 미국 애틀랜타로 결정되자 미국 비자가 걸림돌이었다.

예전에 미국으로 공부하러 가고 싶어서 알아볼 때 비자가 나오지 않아서 포기한 경험이 있기에 걱정이 되었다. 그러나 어디든 내 힘으로 간 적이 있었던가. 내가 꼭 가야 하는 곳이라면 하나님께서 길을 열어 주실 거라고 믿으며 기도를 시작했다. 올림픽에 출전하는 현숙희, 이승배 선수는 경기 시작 전에 많은 사람 앞에서 기도 받기를 원했다. 게임 결과야 나중에 알겠지만, 그 기도하는 모습을 통해서 지켜보는 사람들에게 복음을 전하고 싶어 했기 때문이다. 그래서 내가 올림픽 경기장에 함께 가서 기도해주는 것을 간절히 바라고 있었다. 그렇지만, 나는 미국 비자를 받기 어려운 최악의 조건 세 가지를 다 갖추고 있었다. 미혼에다 재산이 없고 전도사 신분이라는 것은 내가 미국에서 불법체류할 가능성이 많다고 판단되는 조건이었다. 물론 나는 전혀 그럴 의사가 없었지만 말이다. 내가 할 수 있는 유일한 해결방법은 기도였다. 매일 삼각산에 가서 기도하는데 하나님께서는 나에게 미국에 갈 수 있다고 하셨다. 노스웨스트 비행기를 타고 미국에 가는 꿈을 통해서도 분명하게 말씀하셨다. 그래서 대사관에 서류를 넣어보니 결과는 거절이었다. 애틀랜타 올림픽에 가려고 준비 중이라는 얘기를 들은 어떤 집사님이 비행기표를 해주겠다고 약속하셨다. IMF 이전이라 여름방학 때 미국으로 연수 가는 학생들이 워낙 많으니 미리 티켓팅을 하고, 예약을 해야 한다고 했다. 갖고 있던 여권의 영문이름으로 표를 예약하고 비자를 다시 신청하니 또 나오지 않았다.

"하나님 또 거절당했어요. 기도하면 아버지는 가라고 하시지만, 현실은 다른데 이건 뭔가요?"

"넌 도대체 왜 나를 믿지 못하고 의심만 하느냐."

그날은 내게 화를 내시는 것처럼 느껴졌다.

기도를 마치고 내려오는데 문득 조용기 목사님 말씀이 떠올랐다.

"파리가 프랑스 파리에 갈 방법이 뭔지 알아요? 그건 바로 파리행 비행기를 탄 사람 옷에 앉아서 가는 겁니다."

그때는 그냥 재밌게 듣고 지나갔는데 내가 미국에 가는 것도 마찬가지라는 생각이 들었다. 하나님께 능치 못할 것이 있을까. 미국땅도 하나님의 것인데 보내야겠다고 마음먹으시면 어려울 게 없다고 생각하니 마음이 가벼워졌다. 그때 삼성농구단과 용인대 예배를 드리고 있었는데 가는 곳마다 이 기도제목을 말하며 합심으로 기도했다. 오대양 육대주를 누비며 복음을 전하겠다는 마음을 가지고 준비하는 단계이기도 했다. 삼각산에서 기도하던 어느 날 곧 응답을 주시겠다는 확신을 하고 오랜만에 집으로 내려왔다.

"넌 일찍 들어와서 전화 좀 받아라. 난 한 번 깨면 통 잠들 수가 없는데 새벽마다 전화가 울리니 살 수가 없다 내가."

"새벽마다 전화가 온다고요? 어디서?"

"몰라. 미국 어디라던데."

다음 날 새벽 3시쯤 전화벨이 울렸다.

"여보세요?"

"아직도 미국 오고 싶어?"

7년 전에 미국에 이민 가신 집사님이셨다. 몇 달 전부터 새벽 기도만 가면 내가 바로 앞에 와있는 것처럼 느껴져서 무슨 일이 있나! 전화해보니 집에 걸면 기도원에 갔다 하고 기도원으로 걸면 내려갔다고 하기를 한 달 동안 하다가 오늘 겨우 연결이 된 것이다.

"그때는 공부하러 가고 싶어 그랬지만, 지금은 올림픽 선수들 기도해줘야 하는 사명을 받았기 때문에 이렇게 애를 태우고 있어요. 기도를 하면 분명히 가게 해 주신다는데 번번이 거절을 당하네요."

"그래? 그럼 이건 정말 비밀인데 말이야…."

여권 영문 이름의 스펠링을 조금 바꿔서 다시 여권을 발급받으라고 했다. 3일이면 나오니까 새 여권 받으면 알려 주는 번호로 연락을 해보라고 했다. 누군지 어딘지는 묻지 말라며 전화번호를 알려주었다. 영등포구청에 가서 시킨 대로 신청하니 3일 만에 새 여권이 나왔다.

"여보세요 저 윤덕신이라는 사람인데요."

캐나다에 사는 분이었는데 일단 토론토 왕복 항공권을 끊어서 오면 밴쿠버에서 인터뷰하게 될 거라고 했다. 그러면 지금 알려 주는 주소와 전화번호를 적은 후에 교회 세미나 강사로 온 거라 하면 된다고 했다. 얼떨결에 일은 그렇게 진행이 되고 알려 준 대로 밴쿠버에서 인터뷰를 마치고 다시 토론토로 오니 통화한 분이 마중 나와 계셨다. 차로 3시간을 달려서 도착한 곳은 나이아가라폭포 뒤 편에 자리한 그분의 별장이었다. 풍광이 뛰어난 그 아름다운 곳을 요트로 1시간 30분 동안 구경시켜주었는데 입을 다물 수 없는 아름다운 광경을 보며 마음껏 찬양하고 하나님께 영광을 돌렸다. 꿈같은 시간이 흐르고 식사를 한 후 짐을 챙기라고 했다.

"뒷문으로 나가면 누가 기다리고 있을 거에요. 그 차를 타세요."

마치 첩보 영화의 주인공이 된 기분이었다. 가방을 가지고 뒷문으로 나가보니 7년 전 이민 간 집사님 아들이 차를 가지고 나를 기다리고 있었다. 밤새 달려서 국경을 지나 미국 뉴욕 땅에 도착했다. 놀랍게도 내 눈앞에 펼쳐진 광경은 15년 전 내가 공부하러 가고 싶어 하던, 꿈에 본 그 미국이란 곳과 똑같은 그 장소였다.

"전도사님 엄마가 교회로 모시고 오래요."

매일 새벽마다 나를 본 것 같은 환상 때문에 전화를 하게 되고, 비자가 나오지 않는 나를 우여곡절 끝에 이곳에 오게 해준 그 집사님과 감격의 새벽예배를 드렸다. 그 만남도 잠시, 애틀랜타로 가려고 뉴욕공항으로 향했다. 국내선 수속을 밟기 위해 줄 서 있는 동안 여권과 항공권을 꺼내며 갑자기 가슴이 철렁했다. 새로 발급받은 내 여권의 영문 스펠링과 미리 티켓팅한 비행기표의 그것이 서로 다르다는 걸 깨닫고 그때부터 식은땀이 나기 시작했다. 밴쿠버 토론토를 거쳐 어렵게 미국 땅까지 왔는데 여기에서 일이 꼬이면 최악에는 애틀랜타 경기를 보지도 못한 채 다음 비행기로 한국에 되돌아갈 수도 있는 상황이었다.

드디어 내 차례가 되었다. 떨리는 마음으로 여권과 항공권을 내밀었다.

"Walking in sunlight all of my journey, over the mountains through the deep vale…"

순간 내 입에서는 '태산을 넘어 험곡에 가도 빛 가운데로 걸어가면 주께서 항상 지키시기로 약속한 말씀 변치않네.' 라는 찬송이 영어로 터져 나왔다.

나는 단 한 번도 그 찬송을 영어로 들어 본 적도, 내가 영어로 불러 본 적도 없었는데 유창하고 우렁차게 그 사람 앞에서 부르고 있었다.

"당신 크리스천입니까?"

여직원이 내게 영어로 물었다. 그렇다고 하자 다시 여권을 한번 쳐다보았다.

"From KOREA? OH, Do you know Dr. CHO?"

직감적으로 조용기 목사님을 뜻한다는 걸 깨닫고 힘차게 고개를 끄덕였다.

"Yes, yes. He is my captain!"

여자의 눈이 휘둥그래졌고 나는 내친김에 가방에서 비장의 무기를 꺼내어 여자 눈앞에 내밀었다.

"Oh, My god! Dr. CHO!"

내가 내민 것은 순복음교회 수첩이었는데 맨 앞장 조용기 목사님의 사진을 펴 보여주자, 눈물을 글썽이며 사진에 입을 맞추고 펄쩍펄쩍 뛰고 난리가 났다.

그 뒤로 몇 장을 넘기면 사역자인 내 사진도 있기에 보여 주며 제자라고 말했더니 나에게 악수를 청하고 포옹을 했다. 이렇게 별난 만남을 갖다 보니 비행기 이륙 시간이 다 되어 방송이 흘러나오고

순복음교회 수첩

있었다. 애틀랜타행 비행기 탑승을 서두르라는 방송이었다. 미 탑승 승객 이름이 나왔는데 바로 나였다. 방송을 들은 여직원은 놀라서 얼른 나를 들여다보내며 42번 게이트로 뛰어가라고 친절하게 설명까지 해줬다. 이렇게 상식으로는 이해할 수 없는 방법으로 나는 애틀랜타 공항에 무사히 도착했다. 공항의 그 여직원은 갑상선암으로 고생하던 중 조용기 목사님 뉴욕 집회에 참석해서 두 번째 날 깨끗이 치유 받은 경험을 한 장본인이었던 것이다.

"여자분이셨군요?"

내 이름만 듣고 애틀랜타 순복음교회 목사님 부부는 남자 전도사로 오해하신 모양이다. 그곳에 머물며 조지아주 의대에 다니는 장로님 아들의 도움으로 걱정 없이 경기장을 다닐 수 있었다. 도저히 시간을 낼 수 없는 수요일에는 내가 다녀야 할 곳과 이동수단을 꼼꼼히 조사해서 메모까지 적어주는 정성을 보여주었다. 마침 수요일이라 선수촌으로 가서 선수들과 함께 수요예배를 드리러 가려는데 가지 말라는 성령님의 목소리가 들렸다.

"네? 다른 것도 아니고 수요일에 수요예배 드리러 간다는데 왜 막으시나요?"

내 귀를 의심했다. 선수들과 예배를 드리러 가지 말라니…. 버스를 타고 목적지에 내려보니 올림픽 기념관 앞이었다. 선수촌행 버스를 탔어야 하는데 잘 못 탄 것이다. 늦어도 8시까지 꼭 도착해야 입장이 가능하다는 말을 들은 나는 급한 마음에 택시를 탔다. 아침에 숙소에서 나올 때 휴대전화에 자신의 번호를 저장해 주면서 급할 때

전화하라고 하셨던 장로님 말씀이 기억나서 단축 번호 1번을 꾹 눌렀다.

"장로님 지금 버스를 잘못 타는 바람에 늦어서 택시를 탔는데 20분밖에 안 남아서 큰일 났어요."

"그럼 택시 기사 좀 바꿔주세요."

택시기사에게 돈은 갑절로 줄 테니 지름길로 돌아서라도 20분 안에 선수촌 입구에 나를 내려 달라는 부탁을 했다.

"가지 마라."

그런 중에 또 한 번 가지 말라는 음성이 들리자 나는 의아한 생각이 들어 방언 기도를 하기 시작했다. 선수촌 입구에 도착한 후 흑인 운전기사는 나의 방언소리에 놀라서 내가 미처 내리기도 전에 출발하는 바람에 다리가 끼어 바닥에 넘어졌다. 이미 8시가 넘은 시각이라 출입도 불가능했고 트레이닝 바지에 피가 묻어서 절뚝거리자 사람들이 하나둘씩 내 근처로 모여들기 시작했다. 나는 왠지 그곳에 있으면 안 될 것 같아서 다시 택시를 잡아타고 숙소로 돌아왔다. 나중에 들리는 말에 의하면 그날따라 테러위험이 많다고 해서 선수촌 출입이 엄격했고 특히 캐나다를 통해 입국한 외국인들이면 적법 여부를 철저히 따져서 그 다음 날로 강제출국 당할 수 있었다고 한다.

그 시각, 이승배 선수의 경기가 열리는 복싱경기장으로 가서 기도를 해주며 왜 하나님께서 내게 가지 말라고 하셨는지 그제야 깨달음이 왔다. 미국의 복싱 경기장은 그 규모와 시설이 엄청났다. 제일 부러운 것은 선수가 기도할 수 있는 방도 따로 있었고 목사님이 예배를 드릴 수 있는 공간도 마련되어 있다는 점이었다. 천하무적 미국의 전설적인 복서 알리가 그날 경기장을 방문했다. 파킨슨병에 걸려서 거동이 불편하고 걸음도 천천히 걷는 그가 경기장 입구의 모습을 드러내자 실내에 있던 모든 미국인이 자리에서 일어나 기립박수를 치기 시작했다. 알리가 자리에 착석하는 그 순간까지 모두 서서 손뼉을 쳤다. 그 모습을 보며 콧등이 시큰하고 눈물이 났다. LA 올림픽 복싱 금메달리스트 신준섭 코치는 ID카드를 발급 받지 못해서 이승배 선수가 경기하는 장소에 들어가지 못했다. 승배는 경기 전에 여러 사람 앞에서 기도받기를 원했다. 그래야 지켜보는 사람들이 자신과 함께 하시는 하나님의 존재를 알 수 있게 될 거라며 반드시 기도를 받은 후에 링 위에 올랐다. 그런 승배에게 기도해주러 가야하는데 비싼 입장료를 감당하기 힘들어서 전날 밤 하나님께 기도했다. 경기 당일 날 아침 김철용 장로님이 숙소로 오셨다.

"오늘 새벽에 기도하는데 하나님께서 전도사님한테 갖다 주라고 하시던데요."

두고 간 흰 봉투에는 1000불이 들어있었다. 그 돈으로 나와 신준섭 코치, 그리고 올림픽 기간 내내 나를 도와준 성민형제 이렇게 셋이서 400불짜리 티켓을 마련할 수 있었다.

하나님께서는 여러 사람을 통해 기도에 응답 하셨던 것이다. 그날 함께 기도하고 링 위에 오른 이승배 선수는 은메달을 목에 걸었다.

세계를 돌아다니며 느낀 거지만 유독 우리나라는 금메달을 딴 선수만 박수를 받고 칭찬받는다. 지금은 인식이 좀 나아졌지만 다른 나라 선수들은 은메달이나 동메달을 딴 후 기쁨의 눈물을 흘리는 것에 비해 우리나라 선수들은 죄인처럼 고개를 못 드는 경우가 많았다. 메달을 따지 못한 종목의 선수들은 시합이 끝나자마자 곧장 숙소로 가서 짐을 꾸린 후에 준비된 버스를 타고 공항으로 가 귀국행

애틀란타에서 이승배 선수와 함께

비행기에 오른다. 그들은 올림픽이 끝나고 귀국 후 벌어지는 어떤 행사에도 초대받지 못하고 또다시 운동화 끈을 조이면서 땀 흘리는 운동장으로 돌아간다. 집에서 키우는 화초도 사랑받으면 윤기나게 잘 자라고 무관심 속에 버려두면 말라죽는다. 하물며 사람은 어떻겠는가? 인기 종목의 스타급 선수들에게는 끊임없는 관심과 후원들이 줄을 잇지만, 노메달 비인기 종목의 선수들은 늘 배가 고프다.

'주께서 나의 슬픔을 변하여 춤이 되게 하시며 나의 베옷을 벗기고 기쁨으로 띠 띄우셨나이다.' (시편 30:11)

경기장 뒤편에서 무릎 사이에 얼굴을 파묻고 우는 선수를 보며 나는 그런 선수의 어깨를 다독여주고 손을 얹고 기도해주라는 하나님의 음성을 들었다.

"하나님께서는 너를 사랑하신다."

"우리 엄마 아빠도 버린 나를 사랑하신다고요?"

운동선수 중에는 집안 형편이 어려운 친구들이 꽤 있었다. 사정상 부모님이 안 계신 친구도 있었는데 하나님의 사랑을 전하면 처음 반응은 대부분 비슷했다. 자신이 경험한 부모님과 하나님을 동일시하는 경우가 많았다.

'내 부모는 나를 버렸으나 여호와는 나를 영접 하시리이다' (시 27:10)

'여인이 어찌 그 젖먹는 자식을 잊겠으며 자기 태에서 난 아들을 긍휼히 여기지 않겠느냐, 그들은 혹시 잊을지라도 나는 너를 잊지 아니할 것이라. 내가 너를 내 손바닥에 새겼고 너의 성벽이 항상 내 앞에 있나니' (이사야 49:15-16)

꾸준히 그 말씀들을 통해 하나님의 사랑을 전했고 외로운 선수들의 마음에도 보이지 않는 변화가 조금씩 일어나는 게 느껴졌다.

그런 선수들이 하나님께서 주시는 힘으로 무명의 설움을 씻고 활짝 웃을 수 있는 날까지 현장에서 함께 울고 웃기로 다짐하며 비행기에 올랐다.

부러진 다리로 아테네를 향하여

"주문진에 모여 있으니 이쪽으로 와주세요."

학부모들의 심상치 않은 목소리가 수화기 너머로 들려왔다. 체육계의 고질적인 문제인 감독의 선수 구타문제가 불거진 것이다. 훈련과정에서 기합이나 가벼운 체벌은 관행처럼 여겨져 왔다. 그런데 A 감독은 문제가 달랐다. A 감독에게 체벌을 받은 선수의 상태가 심각했다. 피멍이 드는 것은 기본이고 체육관 바닥에서 짓밟고 거의 숨을 못 쉴 정도로 선수들을 두들겨팼다. 그러나 감독의 눈에 잘못 보이면 대학 진학이나 경기에 출전에 지장이 있는 현실에서 감히 누구도 반기를 들지 못했다. 어떻게 보면 선수와 부모는 약자였다. 그런 식으로 참고 또 참으며 고비를 몇 번이나 넘긴 선수 중에 한 명이 두들겨 맞다가 이러다 죽을 것 같아서 도망쳐 나왔다. 병원에 데리고 가니 의사가 말하기를 정신이 제대로 박힌 사람은 이렇게 구타할 수 없으니 감독을 고발해야 한다고 했다는 것이다.

"전도사님 나 이번에는 그냥 못 넘어갑니다. 우리 아들 선수 그만두고 검찰에 고발하렵니다. 말리지 마십시오."

평소 친아들처럼 생각하고 기도하며 경기장마다 뛰어다녔던 나 역시 만신창이가 된 아이를 보니 가슴이 찢어지고 분노가 치밀어 올랐다. 그러나 감정적으로 대응하기에 앞서 그 아이의 장래를 생각할때 뭔가 중간에서 중재할 수 있는 게 없을까? 백방으로 알아보고 있었다. 일단 주문진으로 내려가서 흥분한 아버지를 잘 설득하고 나서다른 감독들과 연락을 취하고 상황을 파악하는 중에 학부모들이 연합하여 들고 일어날 기세였다.

"아니 전도사님은 왜 자꾸 말리시는 거에요? 감독 편드는 겁니까?"

"이렇게 개만도 못한 대접을 받으면서 우리 애들이 운동해야 합니까?"

누구보다도 아이들을 사랑하고 걱정한 나는 오해를 받는 지경에까지 이르렀다. 학부모들은 주문진에서 식당을 하는 한 선수 집에모여 감독을 검찰에 고발하는 문제에 대해 의논하고 있으니 나에게와달라고 했다. 가슴이 답답하고 아팠다. 내가 오해받는 거야 가서이야기하면서풀면 되지만 고통받은 아이들을 생각하니 숨쉬기 힘들만큼 가슴이 아팠다. 아이들은 누구보다도 잘 안다. 자신을 사랑하는 마음에서 체벌하는 것과 감정적으로 구타할 때 그 차이를 기가막히게 구분한다. 내가 보기에도 A 감독은 아이들을 때릴 때 일정수준이 넘어가면 눈빛이 변하고 살기가 느껴질 정도로 무섭게 주먹과 발을 휘둘렀다. 단순히 육체를 멍들게 하는 것을 넘어 아이들의자존감을 무너뜨리고 치욕과 모멸감을 주는 방법으로 체벌을 가해서 선수들이 병들어 가고 있었다.

심각한 문제였다. 아테네 올림픽을 얼마 남기지 않고 벌어진 일이었다. 연락을 받고 운전해서 주문진에 가고 있었는데 갑자기 검은 남자들이 나타나서 길을 막았다. 깨어보니 꿈이었다. 하나님께서 가지 말라고 하시나 보다 그런 생각도 들었지만, 인간적인 생각으로는 그래도 내가 가서 오해를 풀어줘야 할 것 같아서 차에 시동을 걸고 출발했다. 오후 3시 약속인데 주말이라 어찌나 길이 막히는지 2시 40분이 되었는데도 길에 서 있게 되었다. 방법이 없어서 기도하면서 가고 있는데 잠시 후 길이 뚫렸다. 시속 100Km로 달리는데 불과 200미터 앞에서 차가 급정거를 했다. 어딘가를 박지 않고는 상황이 종료되지 않을 것을 본능적으로 알았다. 방언기도가 나왔다.

"하나님 저 일단 오른쪽으로 꺾었다가 다시 들어와야 하는데 좀 도와주세요."

기도를 하며 이를 꽉 깨물고 오른쪽으로 핸들을 꺾었다. 2차선으로 나갔다가 들어오는 바람에 그대로 앞차를 들이박지는 않았지만, 충돌을 피할 수는 없었다. 100미터 정도 밀려가 차는 멈췄다.

"아니 도대체 비상등도 켜지 않고 급정거를 하면 어떻게 해요?"

앞차에 항의하기 위해 차에서 내리는데 다리가 휘청했다. 다리가 부러져서 덜렁거리는 바람에 그 자리에 설 수가 없었던 것이다. 119를 불러서 가까운 병원으로 갔다. 엑스레이를 찍고 임시로 부목을 대고서 다시 구급차를 불러 타고 학부모들이 모여 있는 주문진으로 갔다. 시간이 늦도록 나타나지 않는 나를 다소 괘씸하게 생각하고 있던 학부모들이 목발을 짚고 퉁퉁 부은 채로 나타난 내 모습을 보더니 깜짝 놀랐다.

"아니 전도사님 무슨 일이세요?"

"시간 맞춰 오다가 사고가 났어요."

"세상에, 근데 그 몸을 하고 여기까지 웬일이세요?"

"웬일은요. 약속인데요. 저 우리 아이들 정말 제 아들처럼 생각하면서 사랑하는 마음으로 지금까지 온 거 아시죠?"

"…"

"하나님께서 우리 아이들 반드시 가장 좋은 길로 인도해주실 거라고 믿고 있어요."

"전도사님 근데 발이…."

학부모의 손가락은 평소 내 다리보다 다섯 배 정도 부어서 형태를 알아보기 힘든 부위를 가리키고 있었다.

"네, 곧 수술을 해야 한다고 하니까 오늘은 일단 일어날게요. 그럼 다시 연락드릴 테니 의논 잘하시고요."

목발을 짚고 식당 문을 나서는데 눈앞이 어두워지고 다시 구급차에 실려갔다.

지난 시드니 올림픽에서 우리 믿음의 선수들은 제 기량을 펼치지 못했다. 연습하고 땀 흘린 만큼 만족스러운 결과를 얻지 못했기에 그 실망한 얼굴들이 떠오를 때마다 더욱더 기도했다. 아테네 올림픽을 준비하며 4년 동안 단 하루도 빠지지 않고 새벽마다 울면서 몇 시간씩 기도했다.

"아테네 경기장마다 무릎 꿇고 기도하게 해주시고 가는 곳마다 애국가가 울리게 해주세요."

그런 아테네 올림픽을 2달 앞두고 이런 사고가 난 것이다. 수술은 여자 배구 선수 지정 병원에서 믿음이 좋은 의사 선생님께서 집도해주셨다.

"아무리 그래도 아테네는 못 갑니다. 절대 안정이 필요한 시기에 장시간 비행에, 올림픽 경기 일정을 따라가는 건 불가능합니다."

"선생님 저는 꼭 가야 해요. 4년 동안 이날을 위해 새벽마다 부르짖었다고요. 우리 애들 가서 기도해줘야 해요."

"응원이랑 기도는 한국에서 하셔도 되잖아요, 전도사님, 이러다가 평생 불구가 될 수도 있어요." 절망적인 의사면담을 끝내고 다시 병실로 돌아왔다.

6인실 병실에는 아침부터 저녁 잠드는 순간까지 TV가 켜있고 연속극과 오락프로로 조용할 날이 없었다. 나만의 공간에서 성경책과 몇 가지 책을 읽고 싶어졌다. 1인 병실의 가격을 물어보니 하루에 2만 원 정도 추가된다고 했다. 넉넉한 형편은 아니지만, 지금까지도 입혀주시고 먹여주신 하나님께서 나를 책임져 주실 거라는 믿음을 가지고 1인실로 옮겼다.

'낙타무릎'과 '천국은 확실히 있다.' '치료하는 하나님'이 세 권의 책을 집중해서 읽었다. 특히 '천국은 확실히 있다.'라는 책을 통해서 그동안 내가 경험했던 환상과 한 줄 한 줄 비교해가며 정확히 일치하는 것에 놀라고 있었다. 책을 읽는 사흘 동안 성령이 충만하여 창밖에 해가 지고 뜨는 것도 모를 정도였다. 그 책 152페이지에 휠체어를 타고 목발을 짚은 장애인들이 빨간 카펫 위를 지나 성전으로 들어가 말씀을 듣고 나서 "다 나았다!" 외치며 기뻐 춤추는 장면이 나온다. 그 부분을 읽는데 수술한 내 엄지발가락에굵은 철사 두 개가 꽂히는 통증이 느껴졌다. 그때부터 다리에 진동이 시작되었다. 점점 심하게 떨리더니 침대가 삐걱거릴 정도였다. 누군가 이 광경을 봤으면 좋겠다고 생각했지만, 주변에 아무도 없었고 간호사를 호출하는 벨을 누르러 갈 수도 없을 정도로 다리가 떨렸다. 성령 충만으로 내 온몸이 뜨거워지면서 방언으로 기도하고 있었다. 순간 몸의

떨림이 진정되고 내 마음속에는 평안과 더불어 "다 나았다."라는 강한 믿음이 밀려왔다. 15분 동안 일어난 일이다.

오후 회진 때 의사 선생님이 병실에 들어오셨다.

"선생님 나 다 나았어요!"

오전에 있었던 일을 자세하게 설명하며 다 나았다고 흥분하는 나를 선생님께서는 걱정스러운 시선으로 쳐다보셨다.

"믿을 수는 없지만 낼 아침에 엑스레이 한 번 찍어봅시다."
믿음이 좋은 장로님이시라지만 의사로서 내가 말하는 게 100% 믿어지지 않는 모양이었다.

다음 날 엑스레이를 찍어 보니 결과는 놀라웠다. 수술한 부위가 거의 보이지 않을 정도로 부러졌던 부분이 딱 붙어 있었다. 당장 깁스를 풀고 퇴원하고 싶었지만, 선생님의 허락이 떨어지지 않았다. 수소문해보니 한마음 병원의 엄 선생님은 깁스하지 않고 치료하는 분이라는 소문을 듣고 찾아가서 내 상황을 설명했다.

"하나님께서 낫게 해 주시는 게 가능하죠."

"그럼 저 깁스 풀어주세요."

"깁스는 했던 곳에서 푸셔야 하니까 수술한 병원에서 풀고 오세요."

다시 수술한 병원으로 가서 깁스를 풀고 싶다고 하니 처음에는 펄쩍 뛰다가 계속 부탁하니까 그럼 모든 책임을 본인이 지겠다는 각서를 쓰라고 했다. 하나님께서 치료해주셨다는 확신이 있으니 각서 쓰는 것도 두렵지 않았다. 깁스를 풀고 한마음 병원으로 와서 물리치료를 받기 시작하는데 정말 아무렇지도 않았다.

이런 우여곡절 끝에 아테네 올림픽 경기에 참석할 수 있게 되었다.

성경에서 수없이 읽고 들었던 데살로니카, 그곳에서 축구경기가 열리는데 경비를 절약하기 위해 터키로 가서 육로 이동을 하게 되었다. 일단 터키행 비행기에 올랐는데 장시간 비행 탓에 다리가 퉁퉁 붓기 시작했다. 스튜어디스에게 부탁하여 얼음 주머니를 받아 돌돌 말아서 다리를 감싸고 좌석 위에 올려 놓았다. 올림픽 경기가 끝날 때까지 다리가 말썽을 부리지 않기를 간절히 기도했다.

터키에 도착하니 가이드가 사먹는 생수 이외에 어떤 물도 마시면 안 된다고 했다. 물에 석회질이 많아서 그렇다는데 더운 날 수도꼭지에 입대고 꿀꺽꿀꺽 물을 마실 수 있는 우리나라는 축복받았다는 생각을 했다.

버스를 타고 터키와 그리스 국경을 통과하는데 모든 승객과 짐 검사가 혹시 모를 위험에 대비하여 철저히 이뤄졌다. 그동안 화장실에 간 나는 당연히 양변기일 줄 알았는데 문을 열어 보니 재래식이었다. 다리가 심하게 부어서 뻐쳥 다리처럼 된 상태에서 겨우 앉아 볼일을 보긴 했는데 일어날 방법이 없었다. 주변에 소리를 질러서 도움을 청할 수도 없는 상태였고 난감했다. 그 자리에서 기도하기 시작했다.

"하나님 제가 한국에서 기도해도 들어 주셨겠지만 그래도 직접 이곳에 와서 선수들과 함께 부둥켜 안고 기도하면서 하나님 놀랍게 역사 하실 것을 기대하며 여기까지 왔습니다. 저에게 힘과 지혜를 주셔서 이 눈물의 기도가 기쁨의 단을 거두어 돌아갈 수 있도록 도와주세요."

그 순간 부은 오른쪽 다리를 문에 기대고 나머지 왼쪽 다리에 온 힘을 실어 일어나면 되겠다는 지혜를 주셨다. 화장실 문을 열고 간신히 나오니 온몸이 땀에 젖어 범벅된 채 녹초가 되어 현기증이 났다. 다시 버스에 올라 국경을 지나 데살로니카로 향하는 길에 펑 소리가 나며 차가 멈췄다. 무슨 사고가 난 것 같아 다들 긴장하며 창밖을 내다보는데 아무도 보이지 않았다. 알고 보니 타이어 펑크가 난 것이다. 문제는 그 길 위에는 타이어를 교환할 수 있는 마땅한 수리점이 없다는 것이다. 이곳저곳 수소문 끝에 겨우 타이어를 교환하고 한참 후에 다시 출발할 수 있었다. 데살로니카 경기장에 도착하니 안타깝게도 축구 경기가 이미 끝나고 우리는 망연자실한 표정으로 그 앞에 서 있었다.

비록 경기를 보지 못했지만, 성경을 기록 한 데살로니카 다우리 교회에 가 보았다. 사도 바울이 성경을 기록 한 빌립보 역시 지금은 성벽이 다 무너졌지만, 그 교회에 가서 눈을 감고 기도했다. 예수 믿는 자들을 잡으러 다니며 죽음으로 내몰았던 사울이 다메섹 길 위에서 예수님을 만나 극적으로 회심한 그날 이후, 갖은 고난과 핍박을 당하면서도 오히려 그 고난에 참여하는 걸 감사하며 복음을 전하게 되었던 것을 묵상했다. 바울이 앉아서 성경을 기록했다는 그곳에 내가 서 있다니 믿어지지 않았다. 그 감동이 가슴 속에서 소용돌이치며 감히 바울과 비교할 수 없지만 나 역시 오대양 육대주를 돌아다니며 하나님의 말씀을 전하는 사람이 되고 싶다는 생각에 눈물이 흘렀다.

신기하게도 터키에서는 물을 그냥은 한 방울도 마실 수 없더니 빌립보로 오자 물이 공짜였다. 사먹지 않고 땅에서 솟아나는 그 물을 얼마든지 마셔도 되니 살 것 같았다. 아테네에 오기 전에 순복음교회 주영희 전도사님이 인터넷으로 검색하여 그곳의 한국 선교사님을 만날 수 있도록 연결해 주었다. 아테네 광장에는 세계 각국에서 모여든 관광객들로 북적였다. 그 속에는 알코올중독, 마약중독인 청년들, 이란 이라크에서 온 젊은 노숙자들이 섞여서 몽롱한 눈빛으로 종일 헤매고 다녔다. 그런 사람들에게 일주일에 한 번씩 따뜻한 음식을 대접하며 하나님의 말씀을 전하는 양 선교사님을 만나게 되었다. 넉넉하지 않은 상황임에도 나와 이원희 선수 가족 등을 초대해서 양 선교사님 사택에 머무를 수 있게 되었다.

그 집 옥상에는 무화과나무가 있었다. 예수님께서 즐겨 드셨던 열매 무화과가 열리는 나무, 빌립의 친구 나다나엘이 서 있던 그 나무 밑에 나도 한번 서 보았다. 내가 여기에 서 있는 것을 예수님께서 보시고 먼 훗날, "그래 양 선교사 집 무화과나무 밑에 서 있던 너를 내가 보았다." 하실 것 같은 즐거운 상상에 빠지기도 했다.

지중해 따스한 햇볕을 만끽하며 아침마다 맛있는 무화과 열매를 실컷 따먹은 것은 지금도 행복한 추억으로 남아 있다.

아테네 교회에서

아테네 올림픽 첫 메달을 기대했던 사격에서 메달 획득에 실패하자 아쉬움을 나누던 중 유도 이원희 선수의 시합이 다가왔다. 그때만 해도 외국에서 경기가 열리면 교민들이 운전하고 통역을 맡아서 하느라 막상 응원하는 사람을 모으기가 쉽지 않았다. 모두 생업에 종사하고 자기의 생활이 있으니 무조건 희생을 요구하는 것도 무리였다. 그래서 나는 대형 태극기를 준비하기 시작했다. 그 태극기가 있으면 경기장에 모인 사람들과 함께 뭉쳐서 코리아를 외치며 한 마음이 되는 데 큰 도움이 되었기 때문이다.

이원희 선수의 시합날도 나는 가방 속에 대형 태극기를 넣고 경기장에 도착했다. 그날 유도 경기에서 아테네 올림픽 첫 금메달이 탄생했다. 경기장 바닥에 무릎 꿇고 기도하며 하나님께 영광을 돌리는 이원희 선수를 보자, 나는 흥분한 나머지 내 다리가 부은 것도 잊어버리고 뛰쳐나가서 대형 태극기를 건네주었다.

"원희야 잘했다. 이걸 휘둘러라."

"아 지금 이원희 선수 어머니가 태극기를 건네주고 있습니다."

나를 이원희 선수의 어머니로 착각한 아나운서의 흥분한 목소리 때문에 각종 매스컴에는 내 얼굴과 함께 이원희 어머니로 소개하는 사진과 기사들이 떴다. 같이 경기장에 간 이원희 선수 친어머니께는 괜히 죄송한 마음이 들었지만 나는 한동안 이원희 선수의 엄마로 불리게 되는 웃지 못할 헤프닝이었다.

그날 이후 아테네에는 믿음의 선수들이 메달을 따며 하나님께 영광을 올리는 행렬이 이어졌다. 문대성 선수가 태권도 금메달을, 역도의 장미란 선수, 사격의 이보나 선수가 은메달을 따며 무릎 꿇고 기도했다. 시드니 올림픽 이후 4년 동안 눈물로 새벽 제단을 쌓았던

모든 것이 기쁨으로 단을 거두는 순간들이었다. 지금도 아테네를 생각하면 올림픽 경기장의 함성보다도 더 기억에 남는 것이 있다.

우리가 머물렀던 양 선교사님의 사택은 단순히 가족들이 머무는 공간이 아니었다. 아테네 광장에서 노숙하는 사람들에게 일주일에 한 번씩 음식을 대접하는, 사랑과 나눔의 공간이었다. 적게는 300명에서 많게는 400명까지 밥을 해서 먹이고 예배를 드렸다. 식판에는 토마토, 주먹밥, 그리고 닭튀김이 올라갔다.

매주 닭을 튀기고 음식을 만드느라 사모님은 허리에 통증이 심해서 굽혔다 펴기도 힘들 정도였지만 온 가족이 사랑으로 그 사역을 감당하고 있었다. 원래 그 노숙자를 섬기는 사역은 미국인 선교사 부부가 하던 일인데 나이가 많이 들어 도저히 할 수 없게 되자 후임 사역자를 보내달라고 간절히 기도하는 중에 양 선교사 부부와 연결이 된 것이라 했다. 노숙자들과 함께 드려지는 예배시간은 영어, 한국어, 그리스 어, 아랍어 이렇게 네 가지 언어로 진행되며 처음부터 끝까지 은혜가 넘쳤다. 나누고 베푸는 것은 결코 넘치고 풍요로운 환경에서 가능한 것이 아니다. 조금 더 벌면, 조금 더 여유가 생기면 나눌게요, 봉사할게요. 우리는 언제나 '조금 더'를 외치면서 미룬다. 그러나 가진 게 없을 때부터 몸에 배지 않으면 젖과 꿀이 흐르는 가나안 땅에서 하나님을 잊고 쾌락에 빠져 이방 신을 섬겼던 것처럼 영원히 나눌 수 없게 될지도 모른다. 양 선교사 부부를 보며 하나님의 사랑을 실천하는 아름다움을 느끼고 큰 감동을 받았다.

'내가 진실로 너희에게 이르노니 너희가 여기 내 형제 중에 지극히 작은 자 하나에게 한 것이 곧 내게 한 것이니라' (마태 25:40)

예수님 세상에 다시 오시어 영광의 보좌에 앉으실 때 우리는 양과 염소로 나뉠 것이다. 양은 그 오른편에, 염소는 왼편에 두시되 양에게는 창세로부터 준비된 나라를 상속하시며 염소는 영원히 꺼지지 않을 불 속으로 던져지리라.

그 선택은 우리의 몫이다.

입술로 고백만 하여도 구원받는 이름,
Jesus

제15회 아시안 게임은 카타르 도하에서 열렸다.

45개국 12,000여명의 선수들이 참가한 역대 최대 규모의 아시안 게임이었다. 국민의 95%가 이슬람교도인 카타르는 세계 최대의 천연가스 생산국이라 상당히 부유한 국가다. 이슬람 국가에 부자 나라라는 것은 나 같은 사람에게 결코 좋은 조건이 아니었다.

"성경책 못 가져가요. 걸리면 감옥 간다던데요?"

"예배요? 꿈도 꾸지 마세요. 이슬람교도들 얼마나 잔인하고 무서운지 몰라요?"

"예수님 이름을 말하면 잡혀가요."

카타르에 대한 정확한 지식이 없는 나에게 주변 사람들은 한마디씩 거들며 겁을 주었다. 이방 나라에 복음을 전하러 가는 제자들의 마음이 이랬을까? 무모한 도전보다는 지혜가 필요한 때였다.

또 한 가지 부자나라 카타르 사람들은 암표를 팔지 않았다.

돈에 쪼들린 사람들이 아니라 몇 배의 이윤을 남기려고 단속의 눈을 피해 수고를 할 필요가 없었던 것이다.

내가 경기장마다 암표를 구하러 다니는 데에는 이유가 있다. 나와

카타르 도하 복싱경기장

함께 기도하는 선수들의 경기 출전이 확정되는 때는 이미 인터넷으로 구매 가능한 경기티켓 판매가 완료되는 시기여서 ID카드를 발급받지 못하는 나로서는 암표밖에 길이 없었다. 간혹 감독들이 표를 구해서 주는 일도 있었지만 그런 신세를 지고 싶지 않았다. 모두 표를 구하지 못해 발을 동동거리고 있을 때 하나님께서는 여러 경기때마다 암표를 팔러 다녀서 얼굴을 익혀 둔 미국 사람을 만나게 해주셨다.

"헤이, 오랜만이야."

그는 다행히 나를 기억하고 있었다.

"이 나라는 암표를 구할 수가 없네. 선수들 기도해 주러 들어가야 하는데."

통역을 통해 나의 상황을 전하자 그는 눈을 찡긋거리며 주머니에서 뭔가를 꺼냈다. 입장권이었다. 극적으로 표를 구해 이원희 선수와 김재범 선수의 경기에 기도로 응원할 수 있었다. 그리고 성경책도 가지고 다니면 안 될 거로 생각했지만, 막상 카타르에 도착하니 한인들이 출석하는 교회도 있었다. 현지인을 상대로 전도하지만 않는다면 큰 제약을 받지 않는 것 같았다. 중세시대 기독교인처럼 지하에 숨어 기도하고 찬송할 마음의 각오를 하고 갔는데 맘껏 예배를 드릴 수 있다니 정말 기뻤다. 코란을 외우고 하루에 5번씩 메카를 향하여 기도하는 그곳에서 새벽마다 신령과 진정으로 예배하는 자들이 있었다.

'하나님은 영이시니 예배하는 자가 신령과 진정으로 예배할지니라' (요한 4:24)

카타르는 대부분 자가용을 이용하므로 대중교통이 발달하지 않았다. 하나님께서 처녀 때 여의도순복음교회에 다녔던 신 집사님을 만나게 해주신 덕분에 편하게 이동할 수 있었다. 그뿐 아니라 끼니 때마다 맛있는 한국 음식을 도시락으로 싸주어서 낯선 외국에서 식사시간이 기다려질 정도였다.

"오대양 육대주를 돌아다니며 복음 전할 때 한국 음식 먹을 수 있게 도와주세요."

가리는 음식이 많고 입이 짧은 나는 이런 기도를 슬쩍 했는데 세밀한 음성까지 들으시는 아버지께서는 가는 곳마다 천사를 보내주셔서 걱정을 해결해주셨다. 걸프만에 있는 카타르 도하는 전형적인 사막기후다 보니 비가 거의 내리지 않는다.

아시안 게임이 열리는 동안 유난히 비가 많이 왔는데 그 나라 사람들은 쏟아지는 빗줄기가 축복이라며 아이처럼 기뻐했다. 사람들이 동네 강아지들과 함께 비를 맞으며 뛰어다니는 모습이 재밌고 신기했다. 아예 우산을 파는 곳이 없어서 나 역시 비를 맞기도 했는데 마침 준비해 간 모자를 요긴하게 썼다.

도하에 가기 전 이슬람국가라서 특별히 기도를 많이 했다.

내가 아시안 게임에 가는 이유가 무엇인지 근본적인 목적에 대해 많이 생각했다. 선수들에게 기도해주고 응원하는 것도 중요하지만, 더 근본적인 이유는 어떤 형태로든 복음을 전하는 것이다. 경기들이 열리는 오대양 육대주를 다니며 예수님의 이름을 말하고 사랑을 전하는 것이 궁극적인 목적이다. 그래서 나는 모자를 준비했다. 그 모자에는 'JESUS' 라고 쓰여 있다. 내가 먼저 그 이름을 말하면서 모자를 건네줄 수는 없지만, 그 모자를 받은 사람이 소리 내 "지저스" 라고 읽기만 해도 구원을 받을 수 있는 그 이름...예수.

'네가 만일 네 입으로 예수를 주로 시인하며' (로마서 10:9)

단순히 발음을 하기만 해도 구원에 이른다는 억지 이론을 펼치려

모자 'Jesus'

고 한 것은 아니다. 그저 그 능력의 이름을 입술로 발음하고 마음에 심을 수만 있다면 그 또한 의미 있는 일이라고 생각했기 때문이다. 그렇게 모자를 쓰고 선수들을 응원하기 위해 돌아다니다가 카타르 현지 청년을 만났다. "Mom, mom!"이라고 부르면서 따라다녔는데 알고 보니 경기장 관람권 매니저였다. 나중에는 경기 표를 몇 장씩 갖다 주기도 하고 표 없이도 무사통과 하게 되었다. 하나님께서는 가는 곳마다 깜짝 선물을 그렇게 준비해 놓으셨다.

아시안 게임이 다 끝나갈 무렵 폐회식에 참석하고 싶은 마음이 간절해졌다. 워낙 표 값이 비싸서 엄두를 내지도 못하고 있는데 이왕 이렇게 된 거 기도하고 인도하심대로 가보자는 의견이 많아서 그렇게 하기로 했다. 일단 폐회식이 열리는 경기장으로 갔다. 하나님의 인도하심 대로 발길을 옮기고 있는데 붉은 카펫이 깔린 길 위를 걷게 되었다, 유난히 밝고 위에서는 서치라이트가 비치고 있었다. 왠지 불안하여 사방을 둘러보니 폐회식에 참석하는 카타르 국왕의 전용 입장로였다. 깜짝 놀라서 옆으로 나왔다. 그건 아니다 싶었기 때문이다. 다시 기도하며 걷다 보니 우리 일행은 열린 펜스를 지나 자연스럽게 폐회식장 안에 들어와 있었다. 자리에 앉아 또 한 번 하나님의 은혜와 예비하심에 감사하며 기념사진도 찍어 두었다.

진주를 채취하며 근근이 살아가다가 일본의 양식 진주 산업으로 타격을 입고 그마저도 미래가 불투명할 때 그 땅에서 검은 석유가 발견되어 역전의 기회를 얻은 카타르.

우리나라에서도 카타르 항공에 취업하기 위해 젊은 여성들이 그 문을 두들기고 있다. 그 나라 문화를 익히고 세계로 뻗어나가 일하는 것은 환영할 만한 일이고 실제로 그곳에서 만난 예쁜 승무원들은 아직도 좋은 인상으로 남아있다. 그들 중에는 시차가 맞지 않아도 새벽예배에 참석해서 열심히 기도하는 아름다운 딸들이 많았다. 그러나 요즘 취업을 위해서라면 종교를 바꿔도 상관없다고 하는 청년들을 볼 때는 걱정이 앞선다. 먹고 사는 문제 앞에서는 그 어떤 것도 우선 할 수 없는 것 아니냐고 항변하지만 절대 그렇지 않다. 하나님께서는 우리에게 말씀하신다.

'그러므로 염려하여 이르기를 무엇을 먹을까 무엇을 마실까 무엇을 입을까 하지 말라. 이는 다 이방인들이 구하는 것이라 너희 천부께서 이 모든 것이 너희에게 있어야 할 줄을 아시느니라' (마태 6:31-32)

그 마음을 지키고 하나님만 사랑하고 의지할 때 우리에게 각양 좋은 것들로 채워 주시는 은혜를 체험할 수 있기를 권면한다.

어느 멋진 날 IN 광저우

'보라 내가 새 일을 행하리니 이제 나타낼 것이라. 너희가 그것을 알지 못하겠느냐 정녕히 내가 광야에 길과 사막에 강을 내리니 장차 들짐승 곧 시랑과 타조도 나를 존경할 것은 내가 광야에 물들을, 사막에 강들을 내어 내 백성, 나의 택한 자로 마시게 할 것임이라'

(이사야 43:19-20)

"황무지가 장미꽃같이 피는 것을 볼 때에 구속함의 노래 부르며 거룩한 길 다니리."

2000년 태릉선수촌 교회에서 예배시간에 반주하는 여자 선수가 있었다. 피아노를 치고 찬양하는 그 모습이 아름다워서 참 귀한 딸이구나 하는 생각을 했다. 그녀가 바로 세계를 들어 올린 여자 역도 선수 장미란이다. 후배 선수들도 잘 챙기고 따르는 동생들도 많았다. 말수가 많은 편은 아니었지만, 마음 씀씀이가 고운 선수였다. 그런 미란이를 위해 기도하기 시작했고 아테네올림픽에서 금메달을 딴 후에 나에게 조용히 뭔가를 내밀었다.

"지금 가진 게 이거밖에 없어요."

백 불짜리 지폐 한 장이었다.

"이걸 나한테 왜 줘?"

"그냥 꼭 드리고 싶었어요."

눈물이 나는 것을 꾹 참고 나는 그 돈을 받았다.

귀국하여 교회로 와서 그 소중한 돈을 헌금했다. 미란이를 위해 심은 것이었다.

미란이가 역도 그랜드 슬램을 달성한 2010년 중국 광저우 아시안 게임에서 나는 정말 놀라운 하루를 경험했다. 경기 일정을 체크하던 중 도저히 불가능해 보이는 하루가 있었다. 광저우라는 한 도시 안에서 벌어지는 경기라고 해도 워낙 땅이 넓은 대륙이라 차로 쉬지 않고 달려서 3시간 이상 걸리는 거리에 각각 다른 종목의 경기가 열렸다. 하루에 세 선수의 경기가 한꺼번에 열리는 일정이었다. 사격의 이보나 선수, 복싱의 한순철 선수, 역도의 장미란 선수, 세 명 모두 내가 기도하는 선수라 누구 하나 포기할 수 없었다. 원래는 경기 당일 새벽에 기도하는 것을 원칙으로 했는데 새벽에 출발해야 할 것 같아, 전날 밤에 모여 기도하기로 했다.

"과연 가능할까요? 지리를 아는 현지 사람들은 다 불가능하다고 하던데요."

"기도하자. 응답을 주시겠지."

한 선수당 한 시간씩 기도하고 있는데 이사야 말씀을 응답으로 주셨다.

'보라 내가 새 일을 행하리니 이제 나타낼 것이라. 너희가 그것을 알지 못하겠느냐 정녕히 내가 광야에 길과 사막에 강을 내리니 장차 들짐승 곧 시랑과 및 타조도 나를 존경할 것은 내가 광야에 물들을,

사막에 강들을 내어 내 백성 나의 택한 자로 마시게 할 것임이라'
(이사야 43:19-20)

몇 번이나 확신을 주심으로 나는 내일 반드시 세 군데를 갈 수 있음을 믿었다. 운전 능숙한 기사를 구하고 렌터카로 새벽 5시에 숙소에서 출발했다. 이보나 선수 사격 경기장까지는 3시간 정도 소요된다고 했다. 날이 밝아오며 조금 더 속력을 낼 수 있었지만 제대로 된 표지판이 없어서 길을 찾아가는 게 쉽지 않았다. 산길 곳곳에 서 있는 사람이 보였다. 뭐 하는 사람이냐고 물었더니 표지판이 없어서 사고가 나지 않도록 길을 알려 주고 혹시라도 사고가 나면 알려 주는 역할을 한다고 했다. 광저우 아시안 게임이 성공적으로 끝나면 광저우 시장이 중앙 고위 관리로 승진하기로 되어 있는 모양이어서 꽤 신경을 쓰고 있다고 했다.

이보나 선수의 경기는 오전 9시부터 시작이었다. 세 시간 반 걸려서 도착하니 산꼭대기 위에 경기장이 있었다. 티켓부스는 문이 닫혀 있고 근처에 암표 파는 사람은 찾아볼 수 없었다. 눈물이 나기 시작했다. 새벽부터 이렇게 달려왔는데 표를 구할 방법이 없어서 경기를 볼 수 없다니 기가 막혔다. 울고 있는데 문득 어떤 생각이 떠올랐다. 우리 일행인 신상윤 전도사에게 영어 할 줄 아는 사람을 찾아보라고 했다.

"이분은 오늘 출전하는 사격 선수의 엄마다. 딸 경기를 보려고 한국에서 여기까지 왔다. 오늘 새벽 5시에 출발해서 3시간 반 걸려 도착했는데 표를 구할 수가 없으니 속상해서 울고 있다."

신상윤 전도사가 이렇게 누군가에게 말을 하니 잠시 기다리라며 어떤 사람을 데려와서 이 상황을 전했다. 이야기를 들은 사람이 또

이보나 선수

누군가를 데려오고 이렇게 몇 단계를 거치더니 마지막 사람이 나에게 왔다. 그의 손에는 관람권이 들려 있었고 우리는 잠시 후 귀빈석에 앉아 있었다. 나는 기도로 응원하며 이보나 선수의 경기를 지켜보았다. 그날 이보나 선수는 은메달을 목에 걸었다.

경기가 끝나자마자 우리는 후다닥 산 밑에 세워둔 차까지 뛰어 내려와서 복싱 경기장으로 향했다. 한순철 선수도 1번으로 출전하기에 시간이 촉박했다.

"여기도 우리나라처럼 외곽 순환도로가 있는지 물어봐라."

하나님께서 내게 말씀하셨다. 운전기사는 그 말을 듣더니 여기도 그런 도로가 있는데, 유료도로라서 통행료를 내야 한다고 했다.

"상관없으니 그 도로로 갑시다."

우리는 제 시간에 경기장 앞에 도착했다. 그 길로 가지 않았다면 훨씬 멀리 돌아서 제시간에 도착할 수 없었을 거라고 기사가 말했다. 문제는 표였다. 유학생 두 명까지 총 7장의 표가 필요했는데 역시나 표를 파는 곳은 보이지 않았다. 무작정 하나님께 기도하며 발걸음을 옮기는데 한 남자가 표를 흔들며 다가왔다. 중국은 암표를 팔다가 공안에게 적발되면 끌려가기 때문에 그렇게 노골적으로 표를 흔드는 일은 드물었다. 가족이 함께 보려고 샀는데 사정이 생겨서 더 붙이지도 않고 그냥 산 가격만 받겠다고 했다. 그렇게 거래를 하고 나서 우리 손에 들어온 표는 딱 일곱 장이었다. 이 믿어지지 않는 하나님의 역사를 보며 놀라는 것도 잠시, 시계를 보니 곧 경기가 시작할 시간이 되었다. 4Km 정도 떨어진 경기장을 향해 뛰기 시작하는데 나이가 제일 많은 내가 어디서 힘이 솟는지 가장 먼저 도착했다. 우리가 자리에 앉자마자 한순철 선수 경기가 시작되었다.

"할렐루야 순철아, 파이팅!"

한순철 선수 역시 시합에서 이겼다.

한순철 선수

인사할 겨를도 없이 오늘의 마지막 목적지, 미란이를 만나러 다시 4km를 뛰어서 차에 올랐다. 5시에 경기가 시작되므로 입구에서 미란이 아버지와 만나기로 약속을 했었다. 이제 복싱장에서 출발한다고 하니 미란이 아버지는 그럼 오늘 경기는 보기 어려울 것 같다고 아쉬워했다. 그쪽에 있는 모든 사람이 시간에 맞춰 오는 것은 절대 불가능하니 괜히 헛수고하지 말라고 우리를 말렸다. 사람들이 불가능하다고 말할 때 내 기분은 절대 나쁘지 않다. 오히려 그렇게 말하는 사람이 많을수록 하나님께서 하시는 놀라운 일들을 보여줄 기회라는 생각으로 가슴이 두근거린다.

전날 밤 확답을 하나님께 받은 나로서는 반드시 갈 수 있을 거라는 걸 알기에 도대체 어떤 방법으로 우리를 그곳까지 인도해주실지 그게 더 궁금했다. 이번에도 유료도로를 선택해서 달리기 시작했다. 광저우의 외곽순환도로는 희한하게도 신호등이 곳곳에 있었다. 그

장미란 선수

런데 그 신호등 덕분에 우리는 하나님이 함께하고 계심을 더욱더 확실히 알게 됐다. 마치 천사의 지팡이로 터치하는 것처럼 가는 곳마다, 신호등마다, 우리 차가 지나가는 순간에 하나도 남김없이 초록색으로 변했다. 가는 시간 내내 신호등을 보느라 지루한 줄도 모르고 경기장에 도착하니 4시 55분이었다. 미란이 아버지는 우리가 못 오는 줄 알고 이미 경기장으로 들어간 후였다. 내 표를 갖고 있었기에 연락을 하니 깜짝 놀라서 달려나왔다. 경기장에 들어가서 나는 여느 때처럼 대형 태극기를 꺼내서 응원을 시작했다. 그러자 반대편에 와있던 초등학생 30명이 함께 응원하자며 내 쪽으로 몰려왔다. 순식간에 큰 규모의 응원단이 형성되고 더 큰 목소리로 하나가 되어 미란이를 응원할 수 있었다. 대형 태극기의 힘이었다. 미란이가 올라가기 전에 경기장 뒤쪽으로 가서 간절히 기도했다. 여자로서 아름다워 보이고 싶은 마음을 잠시 뒤로 미루고 체중을 늘리기 시작하며 세계를 들어 올리기 시작한 미란이, 연초 교통사고가 나고 허리 통증으로 재활치료를 받으면서도 기도하며 도전해온 그 딸이 지금 눈앞에서 130kg을 들어 올리고 있었다. 그러나 팔이 휘면서 심판의 반대로 1차 실패, 2차 130kg 성공, 3차 134kg 실패, 경쟁자인 중국의 멍수핑 선수가 5kg 앞선 상태로 인상경기가 끝나고 용상 경기가 시작되었다. 바벨을 들기 전 두 손을 모아 간절히 기도하는 미란이의 모습이 보일 때마다 나 역시 응원석에서 두 손을 높이 들고 기도했다.
1차 시도, 우렁찬 기합소리와 함께 175kg 성공, 그리고 2차 시도, 181kg에 성공하며 드디어 그랜드 슬램을 달성했다. 하나님께 영광을 돌리고 미란이는 꽃다발 하나를 나에게 높이 던져 주었다.

'두려워 말라 내가 너와 함께 함이니라, 놀라지 말라 나는 네 하나님이 됨이니라, 내가 너를 굳세게 하리라, 참으로 너를 도와주리라, 참으로 나의 의로운 오른손으로 너를 붙들리라' (이사야 41:10)

미란이는 이 구절을 붙들고 함께 하시는 하나님을 바라보며 꿈의 그랜드 슬램을 달성한 것이다.

광저우의 기적 같은 어느 멋진 날은 그렇게 지나가고 있었다.

하나님을 사랑하는 청년

짙은 푸른 색 유도복을 입고 레몬색 매트리스 위에 무릎 꿇은 그의 모습을 볼 때마다 콧날이 시큰해진다.

"주여!"

하늘을 향해 두 손을 번쩍 들고 외치는 그 소리를 현장에서 들을 때마다 눈물이 난다.

매트 위의 김재범 선수

1등 하고 싶어서 매일 11시 11분에 기도했던 유도 김재범 선수는 내가 아들처럼 사랑하고 아끼는 대한민국 청년이다. 세계의 여러 나라에서 열리는 김재범 선수의 경기에 응원하고 전도하러 갔지만 가장 기억에 남는 것은 일본 도쿄에서 열렸던 세계유도선수권대회이다. 일본 선수와 경기를 앞두고 재범이는 급히 내게 뛰어왔다.

　"전도사님 기도해 주세요."

　재범이를 끌어안고 간절히 큰 소리로 방언기도를 시작했다. 다니엘이 던져진 사자굴에서 사자의 입을 막았던 것처럼 일본인들의 입을 막아주셔서 경기장에 일장기 흔들리는 소리조차 들리지 않도록 해주시길, 재범이에게 힘을 주시길 기도했다. 일본인들의 유도 사랑은 유별나서 인기선수 한 명당 수백 명의 팬이 몰려다니며 머리에 일장기를 두르고 응원을 한다. 그 기도를 한 후 거짓말처럼 일본인들의 응원소리가 전혀 들리지 않았다. 일장기 흔들리는 소리조차 들리지 않았다면 믿어지는가? 유력한 우승후보였던 그 일본선수를 재범이는 정말 멋지게 이겼다. 그 경기 직후 나는 재범이를 부르며 만세를 불렀고 주변의 일본사람들이 나에게 몰려왔다.

　"축하합니다." "정말 멋진 경기였어요."

　나를 재범이 엄마로 착각한 일본 사람들이 몰려와서 축하 인사를 건네는 것이었다. 후에 들어보니 일본 사람들이 유도 경기에 진 후 그렇게 축하하는 것은 극히 드문 일이라고 했다. 워낙 유도 종주국이라는 자부심이 강해서 다른 나라 선수의 승리를 받아들이지 않는 그들이 재범이의 한판 승부에 반한 것이다. 그 후 81kg이하급 경기에서 재범이는 브라질 길헤이로와 연장까지 가는 접전 끝에 안다리걸기로 절반 1승을 거뒀다. 연장 시작 후 얼마 지나지 않아 기습적인 안다리 기술로 절반을 따내며 역전승을 거둔 것이다.

재범이는 시원스러운 동작과 보는 사람의 마음을 환하게 해주는 미소로 일본에서도 인기가 많았다. 가는 곳마다 사인 공세가 이어졌다. 줄을 서서 사인을 기다리는 사람들을 보며 이들에게 복음을 전할 수 있으면 얼마나 좋을까 그런 생각이 들었다. 시합이 열리는 경기장 입구에는 커다란 사인 보드가 서 있었다. 지나가는 모든 사람이 한 번씩 쳐다보고 읽는 그 사인 보드에 매직으로 말씀을 써넣기로 했다. 우리 세 명이 서 있었는데 각각 한국어, 영어, 일어 3개국어로 써 내려가기 시작했다.

"하나님이 세상을 이처럼 사랑하사 독생자를 주셨으니 이는 그를 믿는 자마다 멸망하지 않고 영생을 얻게 하려 하심이라"(요한복음 3:16)

이게 무슨 말인가 해서 누군가는 한 번씩 소리 내 읽게 될 것이다. 입술로 발음하고 고백할 때 분명히 누군가는 하나님을 만나게 될 것

김재범 선수의 싸인 하는 모습

을 나는 믿는다.

재범이는 그때부터 우리가 나눠주던 전도지에 사인을 해주기 시작했다. 줄 서서 기다리던 사람 중에는 그 종이에 입을 맞추고 품에 감싸고 돌아가는 이들도 눈에 띄었다. 길바닥에 버려지고 무관심 속에 구겨지던 그 귀한 말씀들을 이제 재범이의 사인이 있다는 이유로 많은 이들이 소중하게 간직하게 될 것이며 언젠가 각자의 때가 되면 그 종이에 엄청난 선물이 숨어 있다는 것을 알게 될 것이다.

'들을 귀 있는 자는 들으라' (마가 4:9)

그렇게 전도를 하고 나서 우리는 새로운 아이디어를 얻었다. 앞으로 재범이 시합에 나갈 때는 아예 말씀이 적혀진 사인지를 제작해서 그 위에 사인을 해주는 걸로 하면 훨씬 좋겠다고 생각했다. 어떻게 해서라도 복음을 전하고 말씀을 나누고 싶은 열망이 넘치자 하나님께서는 지혜를 주시며 그것을 실천하는 길도 하나씩 열어 주셨다.

나의 신학원 동기 중에 군에서 목회하는 여자목사님이 한 분 있다. 젊은 청년들을 사랑하고 그들을 양육하라는 특별한 마음을 선물로 받아서 열악한 환경에서도 매주 100명분의 음식을 만들어 먹이며 말씀으로 돌본다. 삼각산 기도하러 다닐 때 늘 함께하던 동기라 나와는 각별한 사이기도 하다. 그래서 재범이와 함께 그 부대로 간증하러 간 적이 있다. 우리가 보통 군인이라면 여자 연예인이 오는 것만 좋아하고 반길 거로 생각한다. 그러나 그 못지않은 열기와 함성이 가득 교회 안에 울려 퍼졌다. 예배 시간에 모인 장병 앞에서 세계를 제패한 김재범 선수는 처음부터 끝까지 하나님의 놀라우심에 대해 간증했다. 목회자나 일반 사람이 아닌, 뚜렷한 목표를 가지고 땀과 노력을 통해 성공한 사람의 입에서 나오는 하나님은 그 느낌부터가 다른 모양이다. 부상과 고된 훈련 속에서 무너지지 않을 수 있었던 이유, 베이징 올림픽 때는 죽기 살기로 해서 실패하고 런던올림픽에서는 죽기로 하니 얻을 수 있었다고 했다.

'아무든지 나를 따라오려거든자기를 부인하고 자기 십자가를 지고 나를 좇을 것이니라. 누구든지 제 목숨을 구원코자 하면 잃을 것이요, 누구든지 나를 위하여 제 목숨을 잃으면 찾으리라' (마태 16:24-25)

금메달 획득 후 첫 인터뷰에서 숨을 헐떡이며 가장 먼저 하나님께 영광을 돌리는 그 모습에 해답이 있었다. 그에게 있어서 대회 출전은 선교이고 대회에 임하는 것은 항상 예배라고 말했다.

마지막 애국가가 울려 퍼지는 시상대에서도 양손을 하늘로 향하며 하나님께 감사기도를 하는 그 마음을 진솔하게 전해 주었을 때 눈물을 흘리는 장병의 모습이 보였다. 마침 유격훈련이 끝난 후라 한창 먹을 나이의 장병에게 재범이는 햄버거세트를 시원하게 쏘았

군인교회에서 김재범과 함께

고, 그 덕분에 재범이의 인기는 어느 걸그룹 못지않았다. 새벽기도 하는 여자가 이상형이라고 밝혔던 재범이는 이제 결혼을 앞두고 있다. 나는 이미 그 존재를 들어서 알고 있던 터라 두 사람이 신앙 속에서 예쁘게 잘 살기를 기도할 뿐이다.

세상에는 성공에 대한 수많은 가이드가 나와 있다. 꿈을 크게 갖고 집중하면 성공할 수 있다고 말한다. 거기에다 운이 따라야 하고 긍정적인 생각을 하면 성공할 수 있다고 말한다. 모두 맞는 말이다. 그러나 나는 그것이 전부가 아니라는 걸 알려 주고 싶었다. 반드시 자신이 죽고 그 안에 하나님께서 거하실 때 진정한 의미의 성공이 있다.

A.W토저는 말했다.

"영적인 성공의 삶은 하나님 이외의 모든 것을 버리는 것이다."

우리는 누구나 자신의 목적을 위해 주님을 이용하는 우를 범할 수 있지만, 성경과 역사의 교훈은 "하나님을 이용하지 말고 하나님이 우리를 사용하시도록 순종하라."라고 가르친다.

나는 그 삶을 살기로 다짐했고 오늘도 끊임없이 노력한다.

그것이 내가 생각하는 성공의 삶이다.

PART 4

나는 메주 같은 여자입니다

내가 넘치는 진로로 내 얼굴을 네게서
잠시 가렸으나 영원한 자비로 너를 긍휼히
여기리라 네 구속자 여호와께서
말씀하셨느니라. (이사야 54:8)

8장

그리 아니하실지라도

But even if he does not, we want you to know, O king, that
we will not serve your gods or worship
the image of gold you have set up. (다니엘 3:18)

광풍에 요동하여
안위를 받지 못한 자여

어느덧 여의도순복음교회의 스포츠 선교회 소속으로 30년을 보냈다.

30년이라는 오랜 시간 동안 한 분야의 사역을 할 수 있는 것은 여러 가지 의미가 있다. 제일 중요한 것은 하나님께서 사명을 주시고 지켜주셨다는 점이다. 보통 2년 정도가 되면 사역 담당이 바뀌는데 조용기 목사님께서 특별히 나에게는 계속 스포츠 선교를 하도록 허락해주셨다. 그 이유인즉, 내가 오랫동안 봉사하고 헌신하며 선수들과 쌓아 온 신뢰는 새로운 사역자가 와서 하루아침에 만들 수 있는 것이 아니라는 것이다.

단 한 번도 대가를 바라면서 이 길을 걸어온 적이 없었다. 만약 그런 생각을 했다면 배고픔도 이기지 못했을 것이고 누구도 알아주지 않는 그 길을 묵묵히 걸어올 수 없었을 것이다. 오직 하나님을 의지하며 지내 온 시간이 쌓이자 뜻하지 않는 일들이 벌어지기 시작했다.

"전도사님 축하해요. 대상수상자로 선정되셨어요."

어느 날 걸려온 축하전화에 어리둥절해졌다. 내가 대상 수상이라니 믿어지지 않았다. 2008년 세계스포츠선교회에서 주는 스포츠 선

시상식 사진

교 대상을 받게 되었다는 소식이었다. 스포츠를 통해 국민에게 희망을 주고 스포츠 선교에 힘쓴 사역자에게 주는 상이라고 했다. CTS 기독교 TV 컨벤션 홀에서 시상식이 열리고 조명 아래 서자 그동안 힘들었던 날들이 주마등처럼 스쳐 지나갔다.

"모세가 40년 동안 광야 생활을 거쳐 80세에 본격적으로 사역을 시작한 것처럼 저도 평생, 이 일을 하고 싶습니다."

그날 집에 돌아와 하나님께 무릎 꿇고 감사기도를 드렸다. 신발이 다 떨어져도 새로 사 신을 돈이 없어 꿰매 신고 발이 부르트도록 걷고 또 걸어서 복음을 전하던 나를 하나님께서 높이 들어주셨다.

'너 곤고하며 광풍에 요동하여 안위를 받지 못한 자여 보라 내가 화려한 채색으로 네 돌 사이에 더하며 청옥으로 네 기초를 쌓으며'

(이사야 54:11)

부르심을 받고 시작한 일이었지만 오랜 시간 동안 배고프고 눈물이 마를 날이 없었다. 존재감도 없이 아줌마 소리를 들어가며 태릉선수촌을 오고 갔고 삼각산과 여의도 대성전을 안방 삼아 눈물로 제단을 쌓았다. 주머니에 돈이 없어서 배를 움켜쥐더라도 하나님의 사랑이 너무나 크고 놀라워서 그 시간이 어떻게 지나갔는지 잘 모르겠다. 궁핍함과 외로운 시간을 하나님 안에서 지내고 나니 이제 더 이상의 두려움이 내게는 없다.

'내게 능력 주시는 자 안에서 내가 모든 것을 할 수 있느니라'

(빌립보서 4:13)

내가 사랑하는 말씀이다. 바울의 이 멋진 고백을 들으며 힘들 때마다 나는 할 수 있다는 긍정적인 생각을 하며 다시 일어나곤 했다. 그런데 시간이 흐르고 나자 그 말씀이 새롭게 다가왔다. 암송만 하면 무조건 뚝딱 이뤄지는 마법의 주문 같은 말씀이 아니었다. 바울이 어떤 과정을 거치며 그 고백을 하게 되었는지 앞 절을 묵상하게 된 것이다.

"어떠한 형편에든지 나는 자족하기를 배웠노니 나는 비천에 처할 줄도 알고 풍부에 처할 줄도 알아 모든 일 곧 배부름과 배고픔과 풍부와 궁핍에도 처할 줄 아는 일체의 비결을 배웠노라."

11절, 12절 말씀을 읽으며 나는 무릎을 탁 쳤다. 나로 하여금 배고픔과 가난을 맛보게 하시고 그 험난한 광야를 통해 공급하시는 하나님을 만나게 하신 것이다. 낮에는 구름기둥으로 인도하시고 밤에는 불기둥으로 지켜주시며 만나를 통해 먹이신 하나님을 나는 글이 아닌 삶을 통해 깨닫게 된 것이다. 그러니 노숙자 곁에서도 재벌 앞에서도 나는 달라질 게 없었다. 함부로 대할 일도, 주눅이 들 일도 없어진 것이다.

하나님의 훈련은 단 한 가지도 헛된 것이 없다.

무화과나무가 무성치 못하며

'비록 무화과나무가 무성치 못하며 포도나무에 열매가 없으며 감람나무에 소출이 없으며 밭에 식물이 없으며 우리에 양이 없으며 외양간에 소가 없을지라도' (하박국 3:17)

처음 성경을 읽을 때 이 하박국 3장 17절 말씀은 달콤하지 않았다. 범사가 잘되고 강건하기를 바란다는 말씀으로 힘을 얻다가 만난 이 말씀은 슬쩍 넘어가고 싶었다. 그러나 여지없이 이런 시간이 내게도 다가왔다.

태산을 넘어 험곡을 지나 우여곡절 끝에 애틀랜타 올림픽을 다녀온 나의 몸에 이상이 생겼다. 교역자들 상대로 하는 오순절 사랑 훈련을 받고 있는데 하혈이 시작된 것이다. 의자에 앉아있기가 불가능할 정도로 피가 쏟아졌다. 허리는 끊어질 듯 아프고 바지를 몇 번씩 갈아입을 정도였다. 혹시나 하는 마음에 아랫배를 만져보니 달걀만한 혹이 만져졌다. 몇 년간 산부인과에 근무한 경험으로 비춰볼 때 분명히 정상은 아니었다. 그리고 구급차에 실려서 병원으로 갔다. 진찰해 본 결과 자궁과 난소가 꽈리처럼 꼬여 있었다. 보호자가 올

때까지 기다릴 수 있는 상황이 아니라 내가 직접 수술 동의서에 지장을 찍었다. 그때 아버지 모습이 희미하게 보였다. 울고 계셨다.

수술대에 오르자 내 마음속에 떠오른 건 그 당시 내가 맡고 있던 70여 명의 선수였다.

'내가 죽으면 이 아이들은 누가 맡아서 양육하지? 아직은 내가 더 기도해 주고 함께 있어 줘야 하는데….'

체육관이었다. 내가 돌보고 있던 70명의 선수가 다 모여서 운동을 하고 있었다. 펜싱, 유도, 복싱, 태권도, 농구, 이 모든 종목을 시간가는 줄 모르고 선수들과 함께 실컷 뛰어다니며 즐겼다.

"윤덕신씨, 눈 좀 떠보세요. 정신이 들어요?"

누군가 나의 볼을 두들기는 바람에 눈을 떠보니 수술이 끝난 후였다. 무려 다섯 시간이 넘게 걸린 대수술이었다.

고통스럽고 지루한 항암치료가 시작되었다. 수술비는 형제들의 도움으로 해결했지만 3주 간격으로 8차에 걸쳐 항암주사를 맞아야 하고 약물치료가 남아 있었다.

항암주사도 3주마다 무조건 맞을 수 있는 것도 아니었다. 심전도, 혈액 검사 등을 통해서 헤모글로빈 수치와 면역수치가 기준에 도달해야 그나마 주사를 맞을 수 있었다.

그 비용 또한 내게는 큰 부담이었기에 날마다 하나님께 기도했다. 하나님의 사역을 하기로 결심하고 이 몸을 드렸으니 아버지께서 비용을 채워 주시고 궁극적으로는 다시 건강을 허락하셔서 선수들 곁으로 돌아갈 수 있게 해달라고 매일 울며 기도했다.

그런데 정말 신기하게도 그 액수가 더도 덜도 말고 딱 필요한 만큼 채워지는 역사가 이루어졌다. 김철용 장로님은 배구선수들과 함께 마음을 모아 병원비를 보태주었고 그동안 사랑으로 양육해 온 선수들이 어디선가 소식을 듣고 하나 둘씩 찾아와서 슬그머니 봉투를 두고 가기도 하고 계좌로 돈을 부쳐왔다. 사실 내가 좀 의지할 만하고 도움을 기대했던 이들에게는 아무런 소식이 없었고 오히려 전혀 생각지도 않은 곳에서 도움이 왔다. 지금 생각해도 참 고마운 사람들이 많다.

하루는 주사를 맞고 나서 용인대 예배를 참석하기 위해 운전대를 잡았는데 갑자기 식은땀이 나고 몸 상태가 좋지 않아서 운전을 할 수가 없었다.

성산대교를 지나자마자 겨우 갓길에 정차를 하고 운전석에 누워 있는데 누가 창문을 두들겼다.

"여기 이렇게 차 세워 두면 위험합니다."

교통경찰이었다. 내가 자초지종을 설명하자 그는 내 얼굴을 걱정스러운 표정으로 바라보았다. 조금 나아지고 다시 시동을 건 후 출발했다. 그런데 백미러로 보니 아까 그 순찰차가 내 뒤를 천천히 따라오고 있었다. 속도가 느렸지만 뒤에 순찰차가 오고 있으니 뭐라고 하는 차도 없었고 만약 무슨 일이 생기더라도 도움을 청할 곳이 있다고 생각하니 마음이 편해졌다. 용인대로 접어드는 입구까지 그렇게 나를 에스코트를 해주고 순찰차는 사라졌다.

그 경찰은 하나님께서 아픈 내게 보내 주신 천사처럼 느껴졌다.

항암주사를 맞고 나면 밀려오는 구토와 내 몸에서 나는 냄새를 참기 어려웠다.

하루는 주사를 맞고 집에 오니 엄마가 조선간장을 다리고 있었다. 그렇지 않아도 울렁거리는 속에 그 지독한 냄새를 맡으니 저 깊숙한 곳에서부터 구토가 시작되어 맑은 쓸개즙이 나올 때까지 게워냈다. 그리고 집을 나와 기도원으로 가려다가 도저히 운전을 할 수 없어서 일산 호수공원에 차를 세우고 누워서 심호흡을 하다가 돌아온 적도 있었다.

그렇게 많은 사람들의 기도와 격려 속에서 긴 시간이 지나고 마지막 항암주사를 앞두고 있는데 달력을 보니 주사를 맞는 날이 바로 국가대표 선발전이 있는 날이었다.

무슨 일이 있어도 그동안 쭉 기도해 준 선수들의 중요한 시합 날, 내가 빠질 수 없다는 생각에 미리 병원에 연락을 하고 태릉으로 향했다. 내 목숨처럼 소중한 선수들의 시합을 지켜보는데 눈물이 났다. 어서 건강한 몸으로 맘껏 기도하고 함께 운동장을 누비고 싶었다.

그렇게 일주일이 지난 후 병원에 가서 주사를 맞기 위한 검사를 받았다. 결과는 주사 맞을 수 없는 수치가 나왔다. 한 방울에 6만원이나 하는 면역력 높이는 주사를 맞아야 했다.

당장 비용도 문제였다. 그렇게 난감함 속에 망설이고 있는데 낯익은 얼굴이 보였다.

예전에 집에 못 들어가고 교회에서 살다시피 할 때 가끔 재워 주던 친한 언니였다.

"세상에 너 아프단 소리 듣고 깜짝 놀랐어. 괜찮니?"

"언니 여긴 웬일이야."

언니는 눈물을 글썽이며 내 손을 잡고 뭔가를 내밀었다.

"이게 뭐야?"

"너 덕분에 교회 다니게 되고 그렇게 신세를 졌는데 한 번도 제대로 고마운 맘을 표현 해 본 적이 없더라구. 사는데 급급해서, 그냥 내 마음이니까 받아 둬."

언니가 내민 봉투에는 백만 원이라는 거금이 들어 있었고 그 날 치료비와 기타 비용 그리고 택시비까지 합쳐서 정확히 백만 원이 지출되었다. 오, 놀라우신 하나님 감사합니다.

감람나무에 소출이 없으며

2000년 여름 21세기 첫 올림픽이 열리는 호주 시드니로 날아갔다. 드디어 육대주 중 하나인 오세아니아의 대표적인 나라 호주에 도 착한 것이다. 정바울 목사님을 만나 시드니에서의 일정이 시작되었 다. 시드니는 세계 3대 미항에 들 만큼 정말 아름다운 항구도시였다.

사진으로만 보던 오페라 하우스도 보고, 환경올림픽이라는 이름 에 걸맞게 반투명으로 설계된 경기장도 가 보았다.

하루는 부탁을 받고 공항에 국민일보 기자를 마중 나갔다가 길이 엇갈리는 바람에 허탕을 치게 되었다. 대신 갈 길 잃은 선수 엄마를 만나게 되어서 내가 묵는 숙소로 데리고 왔다. 그 덕분에 선수들을 위해 한마음으로 응원하고 매일 부르짖으며 기도해 줄 수 있었다. 결과적으로 시드니 올림픽에서 우리 믿음의 선수들은 예상했던 만 큼 좋은 성적을 거두지 못했다. 지금도 시드니를 생각하면 안타까움 이 먼저 떠오른다. 4년 동안 땀 흘려 노력한 선수들이 만족스러운 결 과를 얻지 못한 것 외에도 시드니 곳곳을 돌아다니며 즐비하게 누워 몸에 문신을 새기고 있던 사람들을 생각하면 가슴이 답답해진다. 수 십 명의 사람이 줄지어 기다리며 용과 음란한 여자의 형상을 피부에 새겨 넣었다. 그 옆에는 타로점을 봐주는 어설픈 점술사가 문전성시를 이루고 있었다.

'몸에 문신을 새기지 마라, 나는 너의 하나님이라' (레위기 19:28)

악은 혼자 다니지 않는다. 떼를 지어 다니며 우리 삶 속에 아무렇지도 않게 파고들어서 마치 그것을 거부하면 속 좁아 보이거나 다양한 형태의 문화를 수용하지 못하는 옹졸함으로 보이게 만든다. 밤샘을 하고 새벽기도를 한 후에 달려간 경기장에서, 메달을 따지 못하고 돌아서는 선수들을 보는 것은 부모 이상으로 마음이 아팠다.

유난히 마음이 힘들었던 시드니에서 돌아오는 비행기 안에서 나는 눈물의 다짐을 했다.

여호와로 인하여 기뻐하리라.

아틀란티스 올림픽에서 돌아와 큰 수술을 하고 죽을 고비를 몇 번이나 넘겼다.

그리고 부푼 기대를 안고 떠났던 시드니 올림픽에서는 큰 성과 없이 한국으로 돌아왔다. 이런 나의 상황들을 보며 많은 사람이 위로하고 기운 내라는 말을 해주었다. 믿지 않는 사람 중에는 그렇게 열심히 하나님을 믿고 섬기는데 좀 너무 하신 거 아니냐는 말을 하기도 했다. 실상은 그렇지 않았다.

'하나님이 지으신 모든 것이 선하매 감사함으로 받으면 버릴 것이 없나니 하나님의 말씀과 기도로 거룩하여 짐이라' (디모데전서 4:4-5)

몸과 마음이 지쳐 있는 그 시간에 나는 말할 수 없는 위로와 선물을 하나님으로부터 받았다.

시드니 올림픽이 끝나갈 무렵 나는 시드니 순복음교회에 무릎 꿇고 기도했다.

"하나님 아무것도 아닌 저를 이렇게 먼 호주까지 올 수 있게 해주신 은혜를 감사합니다. 기도한대로 우리 선수들이 메달을 따고 하나님께 영광 돌릴 수 있었으면 더 좋았겠지만, 그래도 또한 하나님의 더 좋으신 계획이 있으심을 믿습니다. 아버지 근데 제가 돌아가기 전에 폐회식을 볼 수 있다면 정말 좋겠어요. 지금으로서는 방법이 없지만요….”

표가 워낙 비싸고 이미 매진이 된 상태였다. 폐회식 당일 새벽에도 기도하고 무조건 경기장으로 향했다.

“이 문으로 들어가라.”

마침 경기장 입구를 지나가는데 하나님께서 말씀하셨다.

“이 문을 통해 들어가라.”

다시 한 번 그 음성이 들리고 나는 문 안쪽으로 걸어 들어갔다. 알고 보니 그곳은 기자들의 출입구였다. 그 문을 통과해 경기장으로 들어가는 동안 제지하는 사람이 단 한 명도 없었다. 내가 서 있는 곳은 천사들의 자리였다. 천사분장을 한 호주 아이들이 폐막식 매스게임에 출연하고 나서 착석할 자리였던 것이다. 나는 천사들 사이에

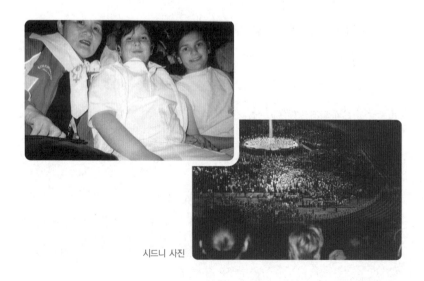

시드니 사진

둘러싸여 시드니 올림픽 폐막식을 지켜보았다. 어디 그뿐인가? 하나님께서는 병원에 있을 때도 선물을 주셨다. 자궁 수술을 받고 회복을 위해서 절대 안정이 아닌 자꾸 걸어야 한다는 처방이 내려졌다. 두세 개의 링거줄에 소변줄까지 주렁주렁 매달고 복도를 수없이 왕복했다. 그때 옆 침대에 계시던 한 권사님께서 기도할 수 있는 곳을 알고 계신다며 가보자고 하셨다. 1층 외래진료실은 그야말로 외래 환자의 진찰이 시작되는 시간까지는 텅 비어 있었다. 새벽부터 그 시간까지 누구의 방해도 받지 않고 기도할 수 있었다. 내 주변에는 항암치료를 받으며 머리카락이 빠지는 사람이 대부분이었다. 나는 다른 것보다도 내 머리카락을 소중하게 생각해서 당시 흔하지 않던 내셔널 헤어 셋팅기로 머리를 말고 다녔었다.

"하나님 저를 살려 주셔서 감사합니다. 그런데 제가 머리카락이 다 빠진다면 그 상태로 복음을 전할 수 없어요. 가발 쓰고 다니면서 복음 전하고 싶지 않아요. 제발 빗질할 때조차 한 올도 빠지지 않게 해 주세요."

그리고는 매일 내 머리카락에 손을 얹고 기도했다. 그 이후로 내 머리카락은 전혀 빠지지 않고 윤기와 탄력을 간직할 수 있었다. 투병 중에 정신을 잃고 쓰러진 날도 있었다. 정신이 아득해지며 나는 장례식장에 서 있었는데 영정 사진을 보니 나였다. 단상 위에는 국화꽃들이 놓여 있고 상복을 입은 사람들이 왔다 갔다 했다. 영정 사진에는 아직 검은 리본이 드리워지지 않은 상태였다. 나는 아직도 할 일이 남았는데 어떻게 하나 안타까운 마음으로 소리를 질러보았지만, 목소리가 나오지 않았다. 겨우 안간힘을 쓰며 소리를 짜내어 기도했다.

"예수님의 이름으로 명하노니 죽음은 물러갈지어다!"

그때 다시 귓가에 천군 천사의 찬양소리가 들려왔다.

"아주 먼 옛날 하늘에서는 당신을 향한 계획 있었죠! 하나님께서 바라보시고 좋았더라고 말씀하셨네. 이 세상 그 무엇보다 귀하게 나의 손으로 창조하였노라…."

그 찬양을 들으며 나는 다시 깨어났다. 바이털사인이 다시 돌아온 것이다. 깨어보니 내 곁에는 목사님들이 기도하고 계신 모습이 보였다.

'검은 띠를 두르기 전까지는 끝이 아니구나!'

하나님께서 한 번 더 기회를 주신 것에는 뜻이 있고 계획이 있으심을 깨달았다. 여호와로 인하여 기뻐하고 여호와로 말미암아 즐거워하는 삶은 내가 곤고하고 병약해질 때 배울 수 있는 오묘한 진리였다.

8차까지 항암주사를 맞고 나자 병원에서는 약물치료를 권했다.

수입약품인데 22일치 약값이 24만원이었다. 내가 감당할 수 있는

시드니 올림픽 폐회식장에 준비된 물건들

금액이 아니었기에 일단 알겠다고 대답한 후에 교회로 왔다. 지금은 주차장이 되었지만 그 당시 제 2교육관 지하는 작은 성전이었다.

모두 퇴근하고 나 혼자 텅 빈 그 곳에 앉아 기도를 시작했다.

"하나님 아버지 마음만 먹으면 약물치료 같은 거 하지 않아도 깨끗이 낫게 해주실 수 있잖아요. 치료의 광선으로 저를 낫게 해주셔서 하나님의 영광을 나타내는 일을 할 수 있도록 제발 도와주세요."

'내 이름을 경외하는 너희에게는 의로운 해가 떠올라서 치료하는 광선을 발하리니 너희가 나가서 외양간에서 나온 송아지처럼 뛰리라.' (말라기 4:20)

나는 앞에 세워진 작은 강대상이 쓰러질 정도로 붙잡고 흔들며 매달렸다. 그토록 간절하고 갈급했다. 그때 갑자기 내 앞으로 서치라이트 같은 강한 빛이 비추었다.

내가 너무 큰 소리로 울며 기도하는 바람에 시끄러워서 경비집사가 플래시를 들고 온 건줄 알고 일어나서 둘러보니 아무도 없었다. 문도 잠긴 그대로였다.

다시 제 자리로 돌아와서 엎드려 간절히 기도하는데 또 한 번 강한 불빛이 보였다.

그 빛을 보는 순간 마음에 평안과 기쁨이 가득 차며 "나았다."하는 확신이 들었다.

'내게 강 같은 평화', '내 맘에 한 노래 있어...평화 오 놀라운 평화.' 두 손을 높이 들고 이 찬송을 부르기 시작하는데 내 눈앞에 가시면류관을 쓴 예수님이 보였다. 손가락만한 굵기와 길이의 가시가 예수님의 이마를 찌르고 있고 온통 피투성이가 된 얼굴이었다.

나를 위해서 가시면류관을 쓰신 예수님을 보니 그 피 흘리심으로 나는 이미 다 나았구나! 그런 확신이 들었다. 그 자리에서 일어나 감사의 기도를 드린 후 글을 쓰는 이 순간까지 단 한 번도 산부인과에 가지 않았다.

주 여호와는 나의 힘이시라 나의 발을 사슴과 같게 하사 나로 나의 높은 곳에 다니게 하시리로다.

나는 언제나 만사형통

만사형통(萬事亨通)의 삶.

어떤 일을 해도 어긋남이 없이 뜻한 바대로 잘 이루어진다는 뜻으로 누구나 꿈꾸는 삶이다. 하나님을 만나면 누구나 형통한 삶을 살 수 있을까?

답은 그렇다. 그렇다면 예수님을 믿으면 누구나 사업이 잘 되고 승진하고 돈 많은 부자가 되어 잘 살 수 있다는 뜻일까?

'여호와께서 요셉과 함께 하심이라 여호와께서 그를 범사에 형통하게 하셨더라' (창 39:23)

그 당시 요셉은 애굽의 총리가 되기 전, 감옥에서 억울한 옥살이 중이었다. 우리가 아는 형통과는 거리가 먼 삶을 살고 있었음에도 성경에는 요셉에게 형통이라는 단어를 쓰고 있다. 형통이라는 것은 뜻대로 잘 되는 것을 의미한다. 중요한 것은 누구의 뜻대로 되느냐는 것이다. 우리의 생각대로 잘되지 않아도 형통한 삶이라고 말할 수 있는 것은 바로 그것이 하나님의 뜻이기 때문이다.

88올림픽에 이어서 전 세계에 대한민국의 위상을 나타낸 2002년 월드컵을 생각하면 지금도 가슴이 두근거린다. 세계 열방이 한반도로 몰려와서 뜨거운 축제 한마당을 벌였던 그때 우리나라 국민인 것이 자랑스러웠다. 그러나 단 한 가지 내 맘을 아프게 했던 것이 있다. 바로 붉은 악마였다. 하나님께서는 그 호칭을 정말 싫어하셨다. 붉은 악마라는 표현은 1983년 멕시코 청소년 축구 대회에서 우리나라 대표팀은 아무도 예상치 못했던 4강에 들어가며 외신기자들이 붉은 악령이라고 부른 것에서부터 시작되었다. 별 볼일 없어 보이는 붉은 유니폼을 입은 한국 선수들이 맹렬한 기세를 보이면 좋은 성적을 보이자 호의적이지 않은 표현을 쓴 것이다. 이 표현이 국내에 번역되는 과정에서 레드데빌 즉 붉은 악마로 나타나게 되었다는 기사를 읽은 적이 있다. 90년대 들어와 국가대표 서포터즈를 조직하면서 명칭을 공모했고 1997년 8월 붉은 악마라는 공식명칭이 붙게 되었다. 여러 가지 의견이 분분했고 나름 이유가 있었지만 왜 하필이면 악마여야 했을까? 그 후 하나님께서는 몇 달 동안 잠 못 이루게 하시고 기도를 시키셨다. 예로부터 백의민족이었던 우리가 태극문양을 넣고 대한민국이라고 써 넣은 흰색 티셔츠를 입는다면 얼마나 좋을까 하는 생각에 6천 장을 제작해서 판매도 하고 나눠주기도 했다. 서울 시장 앞으로 그 티셔츠와 태극 모자를 소포로 부치기도 했었다. 결과는 좋지 않았다. 그러나 그 결과와 상관없이 나는 매일 삼각산 능력봉에 올라가서 두 손을 들고 월드컵을 위해 기도했다. 기독교를 싫어하는 사람들은 말한다. 우리나라는 교회가 쓸데없이 많아서 어두워지면 빨간 십자가밖에 보이는 게 없다고. 그 수 많은 십자가가, 외국인들이 한국을 방문할 때 비행기 창문을 통해 눈에 띄게 해 달라고 기도했다. 십자가를 알지 못하는 나라의 사람들도 그 붉은 십자가를 마음속에 품고 돌아가게 해달라고 기도했다. 그렇게 부르짖

직접 디자인한 모자와 티셔츠를 입고

는 나에게 하나님께서는 음성을 들려주셨다.

"내가 4강까지 대한민국을 올려놓을 것이다."

그 음성을 듣고 나는 4강 관람권 두 장을 샀다. 그리고 그 누구보다
도 기쁜 마음으로 4강전을 관람했다. 월드컵 중에도 하나님께서는
쉬지 않고 전도하기를 원하셨다. 티셔츠, 모자와 함께 전도배지도
제작했는데 그 배지들을 우리나라 선수들에게 전달하고 싶었다.

"지금 인천에 있는 호텔로 가라."

여의도 선교사무실에서 간절히 기도하고 있는데 하나님께서 말씀
하셨다. 왜 갑자기 인천 호텔로 가라고 하셨을까 이유를 여쭤보며
묵상을 하는데 인천경기를 앞두고 선수단이 그 호텔에 투숙할 거라
는 것을 알려주셨다. 평소에 존경하는 차 목사님께 전화해서 말씀드
리니 심방 가다가 양해를 구한 후 여의도로 오셨다. 인천 호텔로 가
는 과정이 험난했다. 테러방지를 위해 자동차 아랫부분까지 철저히

조사하느라 시간이 오래 걸렸다. 호텔에 도착하고 선수들이 식사하러 오지는 않을까 싶어서 한식당에서 식사하며 기다렸다. 꽤 시간이 흘렀는데 아무도 오지 않았다. 계속 한식당에 있을 수 없어서 커피숍으로 자리를 옮기려고 보니 그때 선수들이 도착할 때가 되어 경호원들이 출입을 막았다. 나는 호텔 밖으로 나가 바닷가에 서서 기도하기 시작했다.

"하나님, 선수들에게 이 전도 배지를 전해주러 여기까지 왔는데 경호원이 막아서 들어갈 수도 없게 되었으니 어떻게 하죠? 도와주세요."

"이 호텔에 투숙해라."

그리고 호텔 전화번호가 눈에 들어왔다.

선수들이 투숙하는데 빈방이 있을까, 혹시 일반인 투숙을 허락하지 않지는 않을까, 인간적인 걱정이 잠시 앞섰지만 일단 무조건 호텔로 전화했다.

"여보세요? 선수 가족인데 오늘 투숙할 수 있을까요?"

"잠시만요. 객실 상황을 좀 알아보겠습니다."

몇 초간 침묵이 흐르는 동안 손에 땀이 났다.

"네 투숙 가능하십니다."

"그럼 선수들과 제일 가까운 방으로 해주세요."

역시 가능했다. 당당하게 호텔로 향했다. 제지하는 경호원에게 이 호텔 투숙객이라고 밝히고 통과했다. 일단 들어가기는 했지만, 선수들을 만나는 게 막막했다. 이영표 선수나 최태욱 선수를 만난다면 좋을 텐데 그 선수들이 언제 로비로 내려올지 알 수 없는 상태에서 무작정 기다렸다. 그때 송종국 선수가 보였다. 누군가를 만나고 돌아가는 것 같았다.

"송종국! 종국아!"

다급해진 나는 일면식도 없는 송종국 선수를 그렇게 불렀다. 그렇게 이름을 부르니 지인인 줄 알고 경호원들도 제지하지 않았다. 송종국 선수조차 긴가민가한 표정으로 멈춰 서 있었다. 나는 배지와 전도용품이 든 봉투를 내밀며 말했다.

"나는 여의도순복음교회에서 온 윤덕신 전도사예요. 선수들 위해 기도 많이 하고 있어요. 이거 선수들에게 좀 전해줘요. 기도 책도 들어 있으니 도움이 많이 될 거예요. 그럼 파이팅!"

차 목사님이 간절히 기도해 주었다.

그렇게 송종국 선수를 통해 전도용품을 전달할 수 있었다. 그 후 경주에서는 히딩크 감독에게 조용기 목사님의 친필 사인이 적힌 책과 성경책을 전달했다. 그때는 아무도 내가 누군지 몰랐다. 누가 불러주어서 간 곳도 아니었다. 그저 복음을 전할 수만 있다면 어디든지 달려가고 처음 보는 상대라도 상관없이 달려갔다. 하나님을 전할 수만 있다면 주머니 사정을 고려하지 않고 만들어서 나눠주었다. 그 일은 돈이 되지 않는 일이었다. 때로는 마이너스 통장을 만들고 대출을 받기도 했다. 누군가 나에게 그렇게 손해 보는 일을 왜 하느냐고 물을 때도 있었다. 그러나 그때나 지금이나 내 삶은 만사형통이다. 사람의 눈으로 볼 때 형통한 인생이 아닐지라도 그것은 착각이다.

하나님의 뜻대로 흘러가는 한 윤덕신의 삶은 언제나 형통하다.

할렐루야.

9 장

메주가 되다.

He knows the way that I take; when he has tested me,
I will come forth as gold. (욥기 23:10)

메주 빚던 날

어릴 때 시골집에서는 매년 11월이 되면 마당에 멍석을 편다.

멍석 위에 그 해 수확한 메주콩을 펼쳐 놓으면서 그 작업은 시작된다.

이름하여 메주 빚기.

숫자를 세기도 힘들 만큼 많은 메주콩이 다 선택되는 것은 아니다. 먼저 육안으로 구별하여 썩고 울퉁불퉁한 것들은 골라낸다. 그리고 난 후 흐르는 물에 그 콩들을 깨끗이 여러 번에 걸쳐 씻는다. 씻은 콩은 한 배 반 정도의 물을 붓고 하룻밤 동안 불린다. 원래 크기에서 두 배 정도의 부피로 충분히 불린 콩은 채반에서 물을 빼고서 끓는 물에 삶는다. 성급한 마음에 제대로 삶지 않으면 비린내가 나서 메주는 실패한다. 충분히 삶은 콩은 물기를 쫙 뺀다. 적당히 물을 빼지 않으면 질어지므로 잘 조절 해야 한다. 그리고서 절구에 삶아진 콩을 붓는다, 으깬다, 사정없이 형태가 없어질 때까지 으깬다. 절굿공이를 돌리다가 거치적거리는 덩어리는 가차없이 더 큰 압력을 가해서 뭉갠다.

거기서 끝이 아니다.

으깬 콩은 천에 넣어 돌돌 말아 발로 밟기 시작한다. 버선발로 올라가 밟는 엄마를 보며 왜 하필이면 냄새 나는 발로 저걸 밟을까? 절대 먹지 말아야지 생각한 적도 많았다.

물론 엄마는 깨끗한 버선발로 올라가셨지만 말이다. 그렇게 해서 흔적도 없이 콩 알갱이가 사라지면 그제야 본격적인 메주 만들기가 시작된다. 콩 반죽은 손바닥 안에서 적당한 크기의 네모로 빚어진다. 갓 빚은 메주는 참 예쁘다. 살짝 손가락으로 누르면 차지고 부드럽다. 네모난 메주는 짚을 깐 소쿠리에 넣어 이틀 정도 건조한다. 적당히 모양이 잡힌 메주는 짚으로 묶어 통풍이 잘 되는 시원한 곳에 매달아 준다. 제대로 건조가 되어야 유해균이 번식하지 않는다.

이제부터 진짜 중요한 단계인 메주 띄우기가 시작된다. 집집이 조금씩 방법의 차이는 있겠지만, 원리는 같다. 적당한 수분과 온도를 유지하면 메주 안에 유익한 흰 곰팡이가 피며 쿰쿰한 냄새가 나기 시작한다. 여기에서 볏짚은 중요한 역할을 한다. 볏짚 마디마다 발효를 도와주는 고초균과 프로테아제 등이 다량으로 함유되어서 메주의 발효를 도와준다. 보름 정도 실내에서 계속 불을 때며 메주를 띄운다. 표면이 갈라지고 겉에는 흰 곰팡이가 고루 덮이게 되면 좋은 메주가 된다. 이때 메주의 모습은 참 볼품없다. 오죽하면 못생긴 여자를 메주 같다고 비유했을까. 냄새 나고 쩍쩍 갈라진 메주는 배가 고파도 먹을 수 없다. 그러나 그 메주가 없으면 된장도 간장도 만들 수 없게 된다. 항암 효과가 있다고 해서 전 세계인들의 관심을 받게 된 그 된장은 바로 이 메주를 가지고 만드는 것이다.

메주 빚는 과정

펼쳐진 콩 ➡ 콩 고르기 ➡ 콩 삶기
➡ 물기 빼기 ➡ 절구에 으깨기 ➡ 발로 밟기
➡ 모양 빚기 ➡ 지푸라기로 매달기
➡ 띄우기 ➡ 장 가르기 후 된장으로

나를 빚은 손길

나는 어느 날 목회를 준비하는 웅포에 내려가 된장 항아리를 보다가 깨달았다.

메주 같은 여자.

내가 걸어온 길이 메주를 만들어 가는 그 과정과 흡사하다는 것을 알게 된 것이다. 선택받은 메주콩만 메주가 되듯이 나도 하나님께 선택을 받았다.

'너희가 나를 택한 것이 아니요 내가 너를 택하여 세웠나니'
(요한 15:16)

그리고 나서 물로 세례를 받고 죄악 가득한 삶에서 거룩한 길로 걸음을 옮겼다. 흐르는 물에 몇 번씩 콩을 씻듯이 나 역시 성령세례로 몇 번이나 거듭났다.

'진실로 진실로 네게 이르노니 사람이 물과 성령으로 나지 않으면 하나님의 나라에 들어갈 수 없느니라' (요한 3:5)

거듭난 나에게 하나님께서는 오대양 육대주를 다니며 복음을 전하는 꿈을 주셨다. 하룻밤 동안 충분히 불린 콩은 원래 크기의 몇 배로 커지는 것처럼 나도 금방 뭔가 달라질 것 같은 기대를 품고 설렘 가득 한 시간을 보냈다.

'요셉이 그들에게 이르되 청하건대 내가 꾼 꿈을 들으시오. 우리 가 밭에서 곡식의 단을 묶더니 내 단은 일어서고 당신들의 단은 내 단을 둘러서서 절하더이다' (창세기 37:6-7)

비행기를 보며 저걸 타고 오대양 육대주를 다니겠다고 했을 때 아 무도 내 말을 믿지 않았고 오히려 허황된 꿈이라며 손가락질 당했다.

그 후로 무엇을 해도 안 되는 긴 시간이 시작되었다. 불린 콩은 펄 펄 끓는 물 속으로 던져진다. 아무리 뜨거워서 몸부림쳐도 소용없는 시간이다. 충분히 삶아지지 않으면 그 뜨거움을 견디고 나서도 비린 내가 나서 버려질 수밖에 없다. 그러니 묵묵히 그 온도를 견디고 딱 딱하게 굳은 나를 부드럽게 만들어야 한다. 도대체 하나님을 믿는 나에게 왜 이런 시련이 다가오는지 부르짖고 몸부림쳐 본다. 잠시 내 몸은 뜨거운 물에서 건져지고 시원한 채반 위로 옮겨진다.

'아 이제 살았다. 하나님께서 살아계시는 게 느껴진다. 그래 다시 시작해보자!' 그러나 두근거림도 잠시 나는 절구 속으로 들어간다. 그리고 도저히 숨을 쉴 수 없을 만큼 힘든 상황이 다가온다. 내가 꾸 었던 꿈과 비전이 뭉개진다.

'내 하나님이여 내 하나님이여 어찌 나를 버리셨나이까 어찌 나 를 멀리 하여 돕지 아니하시오며 내 신음소리를 듣지 아니 하시나이 까' (시편 22:1)

암흑이 찾아왔다. 영혼의 밤이 나를 숨 막히게 했다. 가족들도 나 를 멀리하고 수중에는 한 푼의 돈도 없었다. 그러자 이제는 수치와 모멸감이 나를 짓눌렀다. 이제 더는 내려갈 곳이 없을 만큼 비참해 졌다. 절구에서 짓이겨진 콩이 자루에 들어가서 발로 밟히듯이 나는 이제 더는 아무것도 할 수 있는 것이 없는 무능한 사람이 되었다.

인간의 한계에서 하나님의 역사는 시작된다. 나의 모든 계획이 물거품처럼 사라지고 두 손 두 발 다 들어 납작 엎드린 후에야 비로소 하나님께서는 나를 원하시는 모양으로 빚기 시작하셨다. 능숙한 손길로 꼼꼼하게 바람을 빼가며 알차게 빈틈없이 빚으셨다. 그리고 난 후 시원한 그늘에 나를 얹어 놓으셨다.

화려한 실크 리본이 아닌 지푸라기로 내 몸을 엮어서 높은 곳에 매달아 놓으시니 그때 보이기 시작했다. 한 줄기 바람, 고마운 햇빛, 빗방울의 고마움을 알게 되고, 하찮게 보이는 지푸라기를 통해 날마다 영혼이 여물어 갔다. 시간이 흐르며 내 몸은 영 볼품없게 느껴졌지만 뭔가 꽉 차는 느낌으로 충만했다. 콤플렉스 덩어리였던 나, 내세울 것 하나 없이 형제들 사이에서도 기죽어 있던 나, 외모라도 화려하게 꾸미고 싶었지만 그것조차 허락되지 않고 내가 할 수 있는 유일한 것은 말씀을 읽고 기도하는 것이었다.

'도대체 나는 왜 태어났을까? 뭘 할 수 있을까?'

점점 온몸은 흰 곰팡이로 덮이고 물기도 없이 메말라 갔다. 잠잠히 기다리라.

'너의 길을 여호와께 맡기라 저를 의지하면 저가 이루시고 네 의를 빛같이 나타내시며 네 공의를 정오의 빛같이 하시리로다' (시 37:5-6)

볕 좋은 어느 봄날 내 몸은 깨끗하게 닦여서 말리어 소금물에 담가졌다. 그리고 얼마 후 나는 우리 식탁에서 빠질 수 없는 귀한 된장과 간장으로 다시 태어났다.

살아오면서 이게 끝인가 싶었던 적이 한두 번이 아니었다.

그런가 하면 이제 태릉선수촌에서 아는 선수들이 많아지고 스포츠 선교라는 단어가 나오면 제법 사람들 입에 오르내리는 사람이 되고 보니 혼자서도 잘할 것 같은 생각도 들었다. 그러나 돌이켜보면 나 혼자는 아무것도 아니고 그 무엇도 할 수 없는 메주 같은 존재였다. 그 자체로는 먹을 수도 없고 볼품없지만, 하나님께서는 메주가 없다면 된장도, 집 간장도 만들 수 없다는 걸 깨닫게 해주시며 나에게 삶의 목적을 알려 주셨다.

'우리가 알거니와 하나님을 사랑하는 자 곧 그 뜻대로 부르심을 입은 자들에게는 모든 것이 합력하여 선을 이루느니라' (로마서 8:28)

10장

성막을 지어라.

All who are skilled among you are to come and make
everything the LORD has commanded. (출애굽기 35:10)

찢어진 휘장의 의미

전라북도 익산시 웅포면 송천리.

1,800평 대지위에 컨테이너 임시 건물이 서 있는 곳. 여기가 새로운 성막이다.

"윤 전도사 애썼어요. 수련원을 겸할 수 있는 교회를 지을 수 있도록 당회에서 지원하기로 결정했어요."

웅포 교회 전경

스포츠 선교라는 특수사역을 30년 동안 꾸준히 하였더니 생각지도 못했던 기회가 찾아왔다.

현장에서 함께 호흡하며 복음을 전하고 기도하는 것 외에는 다른 계획을 세운 적 없는 나에게 목회의 기회를 준 것이다. 무엇을 하면 좋을까, 물 좋고 공기 좋은 그곳에서 어떤 말씀들을 나누면 좋을까, 기도하기 시작했다. 이 나라를 책임져야 할 젊은 세대들에게 꼭 필요한 것이 떠올랐다.

'그래, 성막공부를 가르치자.'

순복음교회의 성막예배 학교에서 느꼈던 감동을 청년들과 함께 나누고 싶었다. 윤광회 목사님께서 잘 정리해놓으신 자료를 바탕으로 프로그램을 짜기로 했다. 처음 성경을 읽을 때 제일 어렵고 이해하기 힘들어서 몇 번이나 건너뛰었던 부분은 바로 성막에 관한 구절이었다.

'가늘게 꼰 베실과 청색, 자색, 홍색실로 그룹들을 무늬 놓아 짜서 지은 것이라. 매폭의 장은 이십 팔 규빗,광은 사 규빗으로 각 폭의 장단을 같게 하여' (창세기 36:8-9)

이런 식으로 온통 몇 규빗, 이름도 생소한 것들이 잔뜩 나열되어 있었다.

에굽에서 노예로 벽돌을 굽던 이스라엘 백성들을 구원하신 하나님께서는 시내 광야로 인도하셨다. 그 광야에서 성막을 짓도록 명령하셨는데 모세를 통해 등잔대 하나까지도 세밀하게 그 모양과 재료들을 알려주셨다.

'너는 정금으로 등대를 쳐서 만들되 그 밑판과 줄기와 잔과 꽃받침과 꽃을 한 덩이로 연하게 하고 가지 여섯을 등대 곁에서 나오게 하되 그 세 가지는 이편으로 나오고... 등대 줄기에는 살구꽃 형상의 잔 넷과 꽃받침과 꽃이 있게 하고'(창세기 25:31-33)

성막을 짓는 일꾼 또한 아무나 할 수 없었다.

'여호와께서 유다 지파 훌의 손자요 우리의 아들인 브살렐을 지명하여 부르시고 하나님의 신을 그에게 충만케 하여 지혜와 총명과 지식으로 여러 가지 일을 하게 하시고'(창세기 35:30-31)

창세기 곳곳에 '여호와께서 지혜와 총명을 부으사' 라는 표현이 나온다. 마음이 지혜로운 자들이 모여서 그 엄청난 일들을 하기 시작했다. 우리는 성막을 통해 번제단의 희생양처럼 세상의 모든 죄를 지시고 죽음을 통해 지성소로 들어가신 하나님의 어린 양 예수 그리스도를 만나야 한다—윤광회 목사의 성막학교 중에서 이렇게 엄격하고 까다롭게 지어진 성막 안에는 성소와 지성소로 나뉜다. 첫 장막은 제사장들이 들어가 섬기는 예를 행하고 둘째 장막 지성소는 오직 한 사람 대제사장만이 출입할 수 있었다.

'오직 둘째 장막은 대제사장이 홀로 일 년 일차씩 들어가되 피 없이는 아니하나니 이 피는 자기와 백성의 허물을 위하여 드리는 것이라'(히브리서 9:7)

전통적으로 일 년에 한 번씩 욤키푸르라는 속죄일에 대제사장은 방울을 달고 지성소에 들어갈 수 있었다. 제물의 피를 뿌리고 분향하며 제사를 드리는 대제사장의 움직임에 따라 금방울 소리가 울려 퍼지다가 어느 순간 방울 소리가 멈추면 그때 밖에 있는 사람들은 초긴장 상태로 돌입한다. 아주 작은 죄라도 있다면 대제사장은 그 자리에서 죽임을 당하게 되기 때문이다. 방울 소리가 들리지 않으면 지성소 밖에서 대기하고 있던 사람들은 대제사장의 발목에 연결된

끈을 잡아당겨서 대제사장의 시체를 끌어낸다. 그토록 옛날 성막은 두렵고도 성스러운 곳의 상징이었다.

그랬던 우리가 모든 과정을 생략하고 아무 때나 수시로 하나님께 다가갈 수 있는 새로운 길이 생기는 사건이 생긴다. 바로 인류의 영원한 대제사장이신 예수그리스도께서 당신의 몸을 찢어 피 흘려주심으로서 하나님과 인간 사이에 놓여 있던 이 휘장이 찢어지고 그 사이로 새로운 통로가 생긴 것이다. 따라서 오직 그리스도를 의뢰하는 자는 담대히 하나님 아버지께로 나갈 수 있는 영광을 맛볼 수 있게 된 것이다.

'우리가 예수의 피를 힘입어 성소에 들어갈 담력을 얻었나니 그 길은 우리를 위하여 휘장 가운데로 열어 놓으신 새로운 살 길이요. 휘장은 곧 그의 육체니라' (히브리서 10:19-20)

성막학교 프로그램을 통해 예수그리스도에 대해 공부하게 될 것이다. 그곳에 수련원이 완성되면 소박하지만, 심신을 치유하는 처소가 되기 원하며 지금도 기도로 준비하고 있다.

세 가지 법칙

　여의도순복음교회 교인이라면 누구나 잘 아는 세 가지 법칙이 있다.

　바라봄의 법칙, 산울림의 법칙, 심고 거두는 법칙.

　나의 신앙생활은 단순하다. 예배를 목숨처럼 중요하게 여기고, 말씀을 청종하고, 들은 대로 무조건 행하려고 애썼다.

　어느 날 여의도 대성전 예배시간에 조용기 목사님이 말씀하셨다.

　"우리의 인생은 무엇을 바라보느냐에 따라 결정됩니다. 생각이 인생을 좌우한다는 사실에 대해 많은 사람이 동의하면서도 그 생각을 어떻게 지배할 수 있는지는 잘 알지 못합니다. 시련과 연단의 과정을 통과할 때 바로 눈 앞의 어려운 환경을 바라보면 부정적이 될 수밖에 없지만, 환경을 초월하여 존재하는 꿈을 바라보면 긍정적으로 생각할 수 있게 됩니다. 꿈과 비전을 바라보고 긍정적인 생각을 할 때 환경을 뛰어넘는 성공을 경험하게 되는 것입니다. 문제 너머의 하나님을 바라보며 믿음으로 정진할 때, 바라보는 대로 이루어집니다."

　바라봄의 법칙을 듣는 순간 온몸의 전율이 흘렀고 그래, 바로 이

거다! 생각이 들어서 예배가 끝나자마자 나는 즉시 실행에 옮겼다.

나 역시 오대양 육대주를 누비며 복음을 전하는 내 모습을 상상하고 바라보았고 내가 믿음으로 양육하는 선수들에게도 그 법칙을 적용하기 시작하자 놀라운 결과들이 생겨나기 시작했다.

산울림의 법칙은 무엇인가?

한 어린 소년이 엄마에게 달려와서 울며 말했다.

"엄마 산이 나보고 바보 멍청이래요."

"그래? 네가 뭐라고 했는데?"

"바보 멍청아!"

"넌 무슨 말이 듣고 싶었어?"

"음...멋진 형아."

"그럼 지금 가서 산한테 멋진 형아! 이렇게 불러주렴."

소년은 엄마 말을 듣고 다시 뒷산으로 달려갔다가 돌아오면서 외쳤다.

"엄마 엄마 진짜 나보고 멋진 형아래요!"

이 짧은 이야기는 어른들에게도 상당히 중요한 깨달음을 준다.

남에게 선을 행하고 아름다운 말과 칭찬을 할 때 나에게도 그런 반응들이 돌아오는 것이다.

'그러므로 무엇이든지 남에게 대접받고자 하는 대로 너희도 남을 대접하라. 이것이 율법이요 선지자니라' (마태 7:12)

마지막으로 심고 거두는 법칙이다.

성경말씀 안에는 심고 거두는 것에 대한 말씀이 많이 나온다.

'하나님은 업신여김을 받지 아니하시나니 사람이 무엇으로 심든지 그대로 거두리라' (갈라디아서 6:7)

'심는 자에게 씨와 먹을 양식을 주시는 이가 너희 심을 것을 주사 풍성하게 하시고 너희 의의 열매를 더하게 하시리니' (고린도후서 9:10)

'눈물을 흘리며 씨를 뿌리는 자는 기쁨으로 거두리로다' (시편 126:5)

하나님께서는 우리에게 심을 씨앗을 주셨고 우리는 그 씨앗을 심어야 하는 사명이 있다. 심겨진 씨앗은 썩어서 열매를 맺게 되는데 그 과정에는 눈물과 땀의 수고가 필요한 것이다. 희생과 고난을 심을 때 하나님께서는 30배, 60배, 100배의 열매를 거두게 하신다. 씨앗의 종류에 따라 봄에 심고 가을에 열매를 거두는 것도 있지만, 과일의 특성상 몇 년이 지나야 수확할 수 있는 것도 있다. 그 시간이 길어질수록 희귀하고 상품가치가 올라가는 법이다. 아브라함도 25년, 야곱 20년, 요셉 13년 그리고 모세도 광야에서 40년을 기다려서 말씀이 성취되지 않았는가!

그때는 하나님만이 아시며 가장 좋은 때에 가장 좋은 것으로 주시는 분이심을 믿고 인내한다면 우리 인생길에 근심과 조바심은 사라진다.

'일을 행하는 여호와, 그것을 지어 성취하는 여호와' (예레미야 33:2)

치매 걸린 아버지의 벽돌

아버지가 치매에 걸리셨다.

정신이 없어진다는 뜻의 라틴 어에서 유래한 말이라던데 그야말로 정말 정신이 없어지셨다. 어린아이가 되어서 혼자서는 아무것도 하실 수 없고 대소변도 가리지 못하는 상태가 되셨다. 오빠 부부가 모시려고 했지만, 어쩐 일인지 아버지는 나의 보살피는 손길을 원하셨다. 교회일을 하면서 치매 걸린 아버지를 돌봐 드리는 것은 눈물 나도록 어려웠다.

나의 마음을 더욱 힘들게 했던 것은 이 긴 싸움이 언제 끝날지 기약이 없다는 점이었다. 버럭 화를 내시고 짜증도 늘어가고 투정이 심한 아버지는 자꾸만 집을 나가셨다. 어떤 기억의 끈을 붙잡으신 것인지 모르지만 알 수 없는 말을 웅얼거리시면서 어디론가 사라지시곤 했다. 기도하면서 아버지를 찾아 헤매고 겨우 팔을 붙잡고 돌아오는 길은 눈물바람이었다. 교회에서 목회할 수 있도록 지원을 약속받았지만, 공사대금이 모자라서 어디서 구해야 할지 기도밖에는 할 것이 없는 상황에서 아버지 상태는 점점 나빠지셨다.

온종일 사역을 하고 돌아와 녹초가 된 어느 날 대소변을 가리지 못한 아버지를 씻겨 드리며 나도 모르게 원망이 터져 나왔다.

"아버지 나 좀 살려줘요. 너무 힘들어서 어떻게 해야 할지 모르겠어요. 정신 좀 차려 봐요."

아버지는 허공을 바라보며 입을 열었다.

"배고파 밥 줘."

차라리 벽을 보고 말하는 게 낫지 싶을 정도로 가슴이 터질 것 같았다. 그 주 내내 바윗돌처럼 무거운 마음으로 지내다가 주일 예배에 참석했다.

"하나님 아버지. 제 맘 아시죠…."

기도도 나오지 않아서 자리에 앉아 아버지, 아버지만 부르고 있는데 갑자기 이영훈 목사님의 설교 말씀이 귓가에 꽂혔다.

"지금 내가 처한 모든 상황에 무조건 감사해야 합니다. 그것이 하나님께서 우리에게 명령하신 바입니다."

아버지와 함께

그래 감사하자. 그것만이 내가 할 수 있는 일이다. 무조건 감사한 마음으로 해보자. 가슴속에 뜨거운 것이 솟아오르며 결심이 섰다. 어서 아버지에게 가고 싶어졌다. 내가 짜증을 내도 나만 기다리고 계실 아버지를 생각하니 마음이 급해진 것이다.

그날 밤 나는 내가 아버지를 돌봐 드릴 수 있는 이 모든 상황을 감사했다. 그러자 마음속에서 사랑이 샘솟으며 그 일이 하나도 힘들지 않았다. 계속 찬송을 부르며 아버지 목욕을 시켜 드리기 시작했다.

"덕신아, 덕신아."

다음날 아침 나를 부르는 아버지 목소리가 들렸다.

방에 가보니 아버지는 외출 준비를 마치시고 앉아계셨다. 놀라서 서 있는 나에게 아버지가 말씀하셨다.

"아버지, 웬일이세요 어디 가시게요? 혼자 옷을 다 입으셨네."

"은행에 볼일이 있으니 가자."

아버지 눈빛이 예전처럼 빛나고 음성이 부드러우셨다.

"나 죽으면 다른 애들은 다 제 앞가림하고 사니 걱정 없지만 넌 집한 칸도 없고, 결혼도 안 했으니 어찌할 거야. 이거 내가 그동안 모아둔 거니까 나중에 교회 질 때 보태. 그럼 거기서 평생 기도하면서 살면 되겠지. 내가 정신이 돌아온 김에 얼른 일 마무리하자."

은행에서 아버지는 평생 아껴서 모은 돈을 찾아 나에게 주셨다. 그날은 내가 공사대금을 입금해야 하는 마지막 날 아침이었다. 그 돈을 차마 받을 수 없어서 눈물을 흘리며 사양했지만, 아버지는 단호하셨다.

"누가 이걸로 너 옷 사입고 떡 사 먹으랬나? 기도하는 집을 짓는데 보태라니까 왜 싫어? 나 또 정신 흐려지면 그땐 장담 못 하니까 얼른 받아둬."

감사하는 마음을 갖게 되자 내 마음에서는 사랑이 솟아났고 그 사랑으로 아버지를 돌봐 드리게 되자 아버지는 그날로 치매가 씻은 듯이 나으셨다.

그리고 웅포에 교회 짓는 돈을 보태주신 것이다. 그것도 입금 마지막 날에.

'항상 기뻐하라. 쉬지 말고 기도하라. 범사에 감사하라 이것이 그리스도 예수 안에서 너희를 향하신 하나님의 뜻이니라'

(데살로니카전서 5:16-18)

11장

사랑합니다. 고맙습니다.

My command is this : Love each other as I have loved you.

(요한복음 15:12)

첫 번째 러브레터_ 유도선수 김재범

런던 올림픽에서 금메달을 따고 나서, 기도 세리머니를 보여 준 유도 김재범 선수.

그 세리머니 후 재범이는 화제의 인물인 동시에 수많은 악성 댓글에 시달리기도 했다.

"전도사님 정말 속이 상해요."

김재범 선수와 함께

수화기 너머의 재범이 목소리는 많이 지쳐 있었다.

"그래 나도 봤어. 하지만, 모든 건 다 지나간다. 하나님은 너의 중심을 보고 계시니까 괜찮아, 힘내."

금메달리스트인 동시에 독실한 크티스천으로 알려지면서 입담 좋은 재범이는 매스컴의 집중 조명을 받았다. 수많은 매체로부터 인터뷰와 프로그램에 초청되어 출연하면서 알게 모르게 많은 상처를 받은듯했다. 크고 작은 교회의 간증 요청이 쏟아지고, 거절할 수 없는 자리에 다녀오고서 일부 몰지각한 사람들의 행동에 실망이 쌓여갔다.

"전도사님 사람들이 왜 저한테 화를 내죠?"

자기들 입장만 생각하며 재범에게 화를 내고 약속시간에 맞춰 가면 식사하러 갔다가 몇 시간 후에 돌아오는 일도 있었다. 서로 먼저 방영이 되어야 하고 특종거리를 잡기 원하고 좀 더 자극적이고 이목을 끌 만한 제목들을 뽑아내느라 정작 당사자의 입장은 배려해 주지 않았다.

눈이 쌓이고 매서운 한파가 몰아닥친 태릉선수촌 의 식당에서 오랜만에 재범이와 식사를 하며 마주 앉았다. 입술이 부르트고 많이 핼쑥해진 모습을 보니 또 가슴이 아파져 온다. 끊임없이 부상에 시달리고 훈련하는 모습을 보며 슬쩍 말을 해보았다.

"재범아, 힘들지? 보는 내 맘이 아프다. 이제 은퇴하고 후배들을 양성하는 건 어때?"

"그건 아닌 것 같아요."

"왜?"

난 친아들 같은 재범이의 몸 상태가 어떤지 잘 알고 있기에 어미 같은 심정을 담아 조심스럽게 물어본 것이다. 그러나 돌아온 대답은 단번에 아니라는 것이었다.

"전도사님 내가 지금 여기까지 어떻게 왔는지 잘 아시잖아요. 하나님께 그렇게 간절히 구하고 원해서 얻은 건데 제 몸이 좀 아프다고 해서 편한 길로 훌쩍 가버리는 건, 에이 그건 아닌 거 같아요. 제게 주신 달란트를 그렇게 쉽게 포기할 수 없어요. 이걸 통해서 하나님께 영광을 돌릴 수 있다면 끝까지 가볼 거에요. 그렇게 가르쳐 주셨잖아요. 맞죠?"

나는 더는 할 말을 잃고 그냥 재범이 손을 잡고 기도했다.

점심때가 끝나고 다시 훈련장으로 복귀하는 재범이가 쑥스러운 표정으로 종이를 내밀었다.

"이게 뭐니?"

"가서 읽어보세요. 길 미끄러운데 운전 조심하시고요."

편지를 펼쳐 보기도 전에 콧등이 시큰해진다.

"사랑하는 전도사님,

저 재범이예요. 놀라셨죠?

늘 작은 것에도 큰 감동을 하시는 분이니 지금쯤 또 눈물 흘리면서 이 편지를 읽고 계시겠군요.

감사한 마음을 전하고 싶은 마음에 시작했지만 어디서부터 얘기를 하면 좋을지 모르겠어요.

세상은 저에게 믿음이 좋은 선수, 하나님을 사랑하는 청년이라고 말합니다.

그 믿음을 심어주시고 자라도록 눈물의 기도를 해주신 분이 바로전도사님이란 걸 사람들은 알까요? 모든 시합마다 그게 어디든 가리지 않고 오셔서 기도해주시고 가장 큰 목소리로 응원해 주시는 전도사님을 제 친엄마라고 생각하는 사람이 많다는 거 아시죠?

저는 그럴 때마다 아니라고 말해본 적이 없어요. 일일이 해명할 필요성도 느끼지 못하고

제 믿음의 어머니가 확실하시니까요.

유난히 악몽을 많이 꾸는 제가 그때마다 시간도 확인하지 않고 전화를 거는 건 전도사님 번호에요. 자다가도 제 전화라면 언제라도 그 우렁찬 목소리로 기도해주시는 그 사랑으로 저는 이겨내고 다시 단잠을 잘 수 있습니다. 그런 저 때문에, 잘 때도 머리맡에 전화기를 놓고 주무신다는 말씀을 듣고 감사하기도 하고 안심이 된답니다.

상처받을 때, 속상할 때, 낙심되고 절망할 때 누구보다도 제일 먼저 전도사님이 떠오르는 게 저도 신기해요.

늘 강조하시는 3가지 법칙. 이제는 누가 툭 치면 자동으로 흘러나올 정도로 제 삶에 깊이 새겨진 그 말씀. 바라봄의 법칙, 산울림의 법칙, 심고 거두는 법칙.

저는 전도사님께서 전해주시는 그 말씀 덕분에 삶이 변했음을 고백합니다.

'재범아, 죽겠다는 말 대신 살겠다로 바꿔 말해. 힘들어 죽겠다 하지 말고 힘들어 살겠네 하고 말이다. 이렇게 모든 말은 메아리처럼 돌아오는

법이야. 긍정적인 말을 해야 긍정적인 열매를 맺지.'

그 말씀을 듣고 나서 놀랍게도 생각의 전환이 일어나기 시작했어요.

지옥훈련이라고 부르던 고된 시간도 생각해보니 그렇게 부를 게 아니란 생각이 들었지요.

그 훈련을 통과해서 제가 가는 곳은 끔찍한 지옥이 아니라 꿈꾸던 천국 같은 곳인데 그 부정적인 이름을 붙이지 말아야겠다. 천국훈련이라고 바꿔서 부르기 시작했어요.

이름 하나 바꿨을 뿐인데 정말 달라지는 게 느껴졌지요. 그런 식으로 전도사님은 제 삶을 하나씩 변화시켜주셨답니다.

"오직 성령이 너희에게 임하시면 너희가 권능을 받고 예루살렘과 온 유대와 사마리아와 땅끝까지 이르러 내 증인이 되리라." (사도행전1:8)

제가 가장 사랑하는 말씀이자 이 땅에 살아가는 이유이기도 한 말씀입니다.

전도사님께서 오대양 육대주를 누비며 복음을 전하시는 모습을 보며 제가 마음에 담게 된 말씀, 스포츠 선수를 사랑하고 복음을 전하는 일이라면 그 어떤 어려움도 능히 이겨내며 불도저처럼 밀고 나가시는 그 무조건적인 사랑은 볼 때마다 감동입니다.

하나님께서 기뻐하시는 일이라면 전혀 사람의 시선을 신경 쓰지 않고 전진하는 전도사님의 모습이 조금은 부담스러운 적도 있었지만 제가 하나님을 사랑할수록 점점 더 이해가 되고 닮고 싶어집니다.

지금 생각해보면 10년이란 긴 시간 동안 사랑 없이는 불가능한 일들을 참 많이도 하셨네요.

전도사님의 사랑과 기도가 없었다면 과연 제가 오늘의 이 자리에 올 수 있었을까요?

운동선수는 단순하다고 쉽게 말들 합니다.

그래요, 복잡한 걸 좋아하지 않고 단순할지 모르지만 대신 거저 얻는 법은 없습니다.

땀 흘린 만큼 정직한 결과를 얻고 끊임없이 상대와 겨루고 자신과 싸움에서 이겨야 하는 저에게 하나님의 말씀과 기도는 버티게 해주는 유일한 생명줄입니다.

그러니 그 모든 것을 공급해주신 전도사님은 은인이신 거죠.

전도사님 저는 성공을 통해서 감사를 배웠고 실수를 통해서는 회개를 배웠습니다.

세상 사람들이 다 손가락질하고 비난할 때도 말없이 안아주시고 눈물로 안아주시던 전도사님으로부터 하나님의 사랑을 느꼈으니까요.

그때 회개를 배워서 이제는 꿈속에서 저지른 잘못까지도 회개하는 재범이가 되었습니다.

기쁘시죠?

전도사님 저는 이제 무엇을 먹든지 마시든지 모두 하나님의 영광을 위해서 사는 김재범이 될 거에요.

지금까지 저를 위해 기도해주신 은혜 잊지 않고 저 역시 누군가에게 전도사님이 보여주신 그 사랑을 나눠줄 수 있도록 노력하겠습니다.

사랑합니다."

하나님 감사합니다. 재범아 사랑한다.

김재범 기도세리머니

두 번째 러브레터_ 농구선수 임효성

결혼을 하지 않은 나에게 믿음으로 품은 아들 딸들이 생기고 그 아이들이 나이가 들어 가정을 꾸리고 자식을 낳을 때마다 감회가 새롭다.

대학에 입학할 때 처음 보았던 프로농구 임효성 선수는 지금 원조 아이돌 가수 출신 슈와 만나서 가정을 이루고 벌써 아빠가 되었다.

임효성 선수와 함께

얼마 전 집으로 초대되어 가보니 얼마나 예쁘게 잘살고 있던지 눈물이 났다.

고된 훈련 속에서 방황할 때 효성이를 찾아 이곳저곳 헤매고 다니다가 만나면 그냥 꼭 안아 주었던 기억이 나며 이제는 프로농구선수로서 당당히 자리 매김을 하고 믿음의 가정을 이룬 모습을 보니 그렇게 기쁠 수가 없었다. 바쁜 일정 속에서도 집에 오면 아내에게 '실로암' 찬송을 불러주는 따뜻한 남편 효성이.

자기 전에 부부가 손잡고 기도한다는 말에 또 눈물이 났다.

"다 전도사님 기도 덕분이에요."

그게 어찌 내 기도 덕분일까 싶지만 그래도 그 말을 들으니 발이 부르트도록 쫓아다니며 기도해 주러 다녔던 그 시간이 새삼 소중하고 감사했다.

사랑하는 전도사님,

이제는 애 아빠가 된 효성입니다.

전도사님 처음 뵌 것이 벌써 13년 전이네요. 고등학교 졸업하자마자니까요.

늘 열정적이시고 선수들을 아들 딸처럼 여기시며 수많은 선수를 기도하러 전국을 다니시던 전도사님

저에게 하나님을 알게 해 주신 분도 전도사님이십니다.

세상에 속해서 믿지 않는 대학생과 다를 것 없던 저를 기다려주셨지요.

강요하기보다 스스로 깨우쳐 하나님의 자녀가 될 때까지 인내하며 기다려 주신 걸 감사하게

생각하고 있습니다.

기억나세요?

저 대학교 때 농구 하지 않는다고 숙소를 이탈하면 어디든 다 찾아오셨던 것….

제 얼굴 볼 때마다 눈물부터 흘리시고 아무 말 없이 안아 주시던 것

제가 프로 농구선수가 되었던 것도 전도사님의 사랑과 기도 덕분입니다.

전도사님의 보살핌을 받던 제가 이제 한 가정의 가장이 되어 살아가고 있습니다.

얼마 전 저희 집에 다녀가시며 잘 사는 모습 보니 참 좋다고 하시는 말에 가슴이 찡했습니다.

"두려워 말라 내가 너와 함께 함이라. 놀라지말라 나는 네 하나님이 됨이라."

늘 말씀으로 힘을 주시던 전도사님, 저도 아이들의 아빠가 되고 보니 말씀으로 양육하는 것이 얼마나 중요한지 깨닫고 있습니다.

하나님의 축복으로 아이들이 태어나며 아내와 함께 자기 전에 기도하는 거 말씀드렸을 때 눈물 글썽이셨죠?

요즘 제가 제일 사랑하고 묵상하는 말씀 알려 드릴게요.

"보라 자식들은 여호와의 기업이요 태의 열매는 그의 상급이로다." (시 127:3)

제게 있어서 아이들이 수중의 화살인 것처럼 전도사님께도 저처럼 수많은 믿음의 아들딸들이 있으니 이제는 걱정하지 마세요.

그리고 지금부터는 제가 전도사님을 위해 기도하겠습니다.
사랑합니다."

하나님 감사합니다. 사랑한다 효성아.

세 번째 러브레터_ **유도감독 현숙희**

"식사하세요."

오늘도 신월동 광영여고 지하 1층 유도부 숙소에는 맛있는 밥 냄새로 가득하다.

짧은 쇼커트 머리만으로도 충분히 아름답게 빛나는 여고생들이 모여서 밥을 먹고 있다. 전국대회 우승을 휩쓰는 광영여고 유도부에

현숙희, 오순영 선수와 함께

는 나의 사랑하는 딸 현숙희가 있다. 이제는 어엿한 감독님이지만 나에겐 사랑스러운 딸일 뿐이다.

갓 지은 밥에 어묵탕, 김치, 싱싱한 미역초무침, 고소한 갈치구이가 한 상 가득 차려지고 나는 그 자리에 앉아 밥을 먹는다.

"맛있게 드십시오."

코치자리에 앉아있는 수진이, 민지, 자영이를 보고 있자니 또 콧날이 시큰해진다.

어린 선수였을 때 그 아이들과 함께 예배드리던 기억이 났다.

"전도사님 또 우세요?"

숙희가 밥 먹다 말고 나를 쳐다본다.

"숙희야 이런 날이 오는구나."

"바라보라면서요. 전도사님 기도 덕분에 여기까지 왔네요. 많이 드세요."

유도부 숙소에는 매트 위에 무릎 꿇고 기도하는 짧은 머리의 숙희 사진이 붙어 있다.

"기억나시죠? 그때 돈도 없으신데 그 비싼 카메라는 어떻게 장만하셔서 날 찍어 주셨나 몰라."

조용기 목사님의 설교를 듣자마자 숙희 생각이 나서 그 길로 카메라를 사러 갔었다. 당시 숙희는 잦은 부상으로 힘들어 했고 실력은 뛰어났지만, 이상하게도 대표선수 후보 생활을 오래 했었다.

"왜 저는 기도해도 안 될까요? 도대체 어떻게 해야 제 기도를 들어주실까요? 전도사님 정말 힘들어요."

그런 숙희를 샬롬성전으로 불러내어 사진을 찍었다.

"자 넌 이미 금메달을 딴 거야. 하나님께 그 영광을 돌리는 모습을 찍자."

그렇게 해서 찍은 사진을 인화해서 주었고 그 사진을 바라보며 기도하라고 시켰다. 숙희는 내 말에 순종해서 그 사진을 붙여놓고 매일 울면서 간절히 기도했다.

그리고서 히로시마에서 금메달을 땄던 것이다.

"전도사님 맨날 경기장에서 나 붙잡고 기도해 주고 하도 큰 소리로 내 이름을 부르니까 다들 내 엄만 줄 아는 거 있죠. 하긴 엄마지 뭐."

"그래 생각난다."

"근데 나한테만 그런 줄 알았더니 그게 아니더니만요. 뭐 이원희 엄마, 이승배 엄마, 김재범 엄마, 현숙희 엄마…. 다 엄마래."

"다 내 아들 딸이지."

"하여튼 전도사님 목청 큰 것도 알아줘야 해."

내 목청이 큰 걸 잘 몰랐는데 선수들이 경기장에서 내 목소리밖에 안 들린다고 말해줘서 알게 되었다.

"전도사님 계순희 선수 기억나세요?"

"그럼. 잘 지내고 있을까? 북한도 반드시 기도로 평화통일 될 거야."

"북한 계순희 선수 때문에 내가 금메달리스트보다 더 인터뷰 많이 한 거 아세요?"

1996년 애틀랜타 올림픽의 이변 중의 하나, 뉴스위크지는 96년도 애틀랜타 올림픽에서 절대 질 수 없는 20인의 후보 중에 일본 유도 선수 다무라 료코를 꼽았다. 일본 역시 만약 일본이 단 하나의 금메달을 딴다면 그건 다무라 료코일 거라고 단언할 정도였다. 그런 다무라 료코를 꺾고 금메달을 딴 선수가 16세 북한 소녀 계순희였던 것이다.

"남조선의 언니선수가 많이 도와주었어요. 언니들과는 말도 잘 통했어요."

세계를 놀라게 한 북한 선수의 입에서 나온 그 남한의 언니선수가 바로 현숙희였다.

하나님을 전하고 싶었지만, 워낙 폐쇄적인 사회에서 자라나서 종교에 대한 거부반응이 심한 북한 선수에게 숙희는 하나님의 마음을 담은 격려를 해주기 시작했다.

"전도사님 순희에게 복음을 전하고 싶은데 그러다가 저를 피하면 어쩌죠?"

"기도하자. 기도하면 하나님께서 지혜를 주실 거야."

간절히 기도하고서 숙희는 계순희 선수의 연습상대가 되어 주며 대화를 시작했다.

"넌 할 수 있어. 내가 다무라 선수와 잡아봤는데 네가 훨씬 더 잘

할 수 있어."

그렇게 해서 계순희 선수는 마음을 열었고 숙희는 나와 밤마다 숙소에서 그 영혼구원을 위해 기도했다. 그래서 금메달을 딴 후 인터뷰에서 계순희가 숙희를 언급해서 우리나라 언론에서 귀국 후에 인터뷰하느라 경쟁이 벌어졌었다. 금메달로 하나님께 영광을 돌리길 기도했지만, 은메달을 따고도 숙희는 언론의 스포트라이트를 받으며 틈틈이 하나님을 말할 기회를 얻은 것이다. 아마도 그렇게 뿌린 씨앗이 언젠가 반드시 열매를 맺을 것을 우리는 믿고 있다.

어느 날 광영여고 선수들 시합장에서 숙희가 기도해 주는 걸 듣고 깜짝 놀랐다.

"하나님 감사합니다. 우리 아이들 오늘 결승에 진출합니다. 모든 것이 준비되어 있으신 주님 강한 힘을 허락하시어 하나님께 유도장에서 영광 돌리게 하여 주시옵소서. 심판도 우리 편이 되게 하여 주시고 컨디션도 최고로 갖게 하여 주시고, 강한 정신력을 허락해주셔서 체력에서도 밀리지 않고 잡기에서도 밀리지 않고 어떤 기술을 잡든지 한판으로 승리할 수 있게 하여 주실 줄 믿습니다. 우리 선수들이 한판으로 승리하여 매트 위에서 기도할 때 믿는 자들에게는 은혜가 되고 믿지 않는 자들에게는 하나님을 알게 하여 주시옵소서. 홀로 영광 받아주시고 예수 그리스도의 이름으로 기도합니다 아멘."

내가 긴 시간 동안 경기 때마다 숙희를 붙잡고 기도하던 내용 그대로였다.

믿지 않는 가정에 시집가서 신앙생활을 하느라 고생이 많았던 숙희는 안팎으로 최선을 다하느라 눈물로 기도하며 날마다 믿음이 깊어갔다.

사랑하는 전도사님,

벌써 전도사님과 알게 된 지가 22년이 되었어요.

1991년 고등학교 선수 시절 태릉선수촌에서 전도사님을 만난 그때가 엊 그제 같은데…

저는 3형제의 엄마가 되고 감독의 자리에 서 있게 되었네요.

전도사님의 기도와 사랑이 없었다면 불가능한 오늘이란 걸 너무나도 잘 알고 있어요.

봄여름 가을 겨울 더워도 추워도 하루도 빠지 않고 저를 위해 기도해주 시기 위해 성전에서 기다려주시던 그 모습을 생각하면 지금도 눈물이 납 니다.

받은 사랑에 비해 너무나도 보잘것없는 짧은 편지를 드렸을 때 소녀처럼 좋아하시며 감동하시던 전도사님. 오늘도 이 편지 보며 울고 계신가요?

국가대표 후보로 들어간데다 무릎 부상이 겹쳐서 눈물이 마르지 않던 저 에게 치유의 하나님을 알게 하시고 영원한 기도의 후원자로 어머니가 되 어 지원해주시는고마운 분.

교회에 다녔지만, 하나님을 만나지 못하고 그냥 습관적으로 나가던 저에 게 전도사님은 하나님께서 보내주신 천사였답니다.

고1 때 잦은 부상으로 실의에 빠져 마음을 잡지 못하고 방황할 때 기도하 는 법을 알려주시고

살아계신 하나님이 너의 형편과 처지를 잘 알고 계시니 힘내라고 격려해 주시던 그때 기억나세요?

"하나님께서는 왜 저를 도와주시지 않는 걸까요? 왜 제 기도는 들어주시

지 않는 걸까요?"

원망과 불평으로 가득 찬 저의 투정에 그냥 꼭 안아주시던 그 사랑의 체온을 기억합니다.

아직 완성되지 않은 철부지 선수였던 저에게 늘 말씀과 기도로 굳게 잡아주시던 그 사랑을 이제 제가 우리 선수들에게 조금씩 전해주려고 노력합니다.

제 시합이라면 국내외 어디든지 오셔서 제일 큰 소리로 응원해주시고 물수건으로 땀을 닦아 주시던 전도사님. 그래서 외국에 나가면 전도사님이 저의 엄마라고 생각하는 사람들이 많았지요.

엄마가 아니라면 그 먼 타국까지 와서 그렇게 눈물 흘리며 기도하고 챙겨줄 거라고 누가 생각이나 할 수 있을까요?

전도사님의 기도를 받을 때마다 힘이 났던 건 바로 그때그때 꼭 필요한 기도를 해주셨기 때문이었어요.

제 마음을 훤히 들여다보고 계신 것처럼 아픈 마음을 치유해주시고 강건해질 수 있는 기도를 해주셨었죠.

매 순간이 다 잊을 수 없고 기억에 남지만, 히로시마 아시안 게임 전 그 사진을 볼 때마다 전도사님을 생각합니다.

여의도 순복음교회 조용기 목사님의 '바라봄의 법칙' 설교를 듣자마자 전도사님께서는 비싼 카메라를 장만하시고 샬롬성전으로 오셨었죠.

도복 입고 무릎 꿇은 모습 한 컷, 체육복을 입고 찍은 모습 한 컷, 그것은 제가 대회에 나가서 메달을 딴 후 하나님께 영광을 돌리는 모습을 미리 찍은 거였어요.

그것을 바라보면서 기도하라는 그 말씀을 듣고 매일 그 사진을 보며 간절히 기도했었고 히로시마에서 금메달을 획득했었지요.

제가 아이를 낳고 기르다 보니 친엄마도 할 수 없었던 그 사랑으로 저를 감싸주시고 영적으로 키워주셨다는 걸 알게 되었습니다.

숙희 너는 내가 가슴으로 낳은 딸이라며 뭐든지 좋은 것, 예쁜 것이 생기면 챙겨주시느라 바쁘셨죠.

저는 몰랐어요. 전도사님이 우리를 위해서 기도해주러 다니실 때 돈이 없어서 늘 굶고 걸어 다니시는 것도 모르고 그저 당연하게 그 사랑을 받으며 여기까지 왔어요.

그런 제가 기도하는 유도팀 감독이 되었습니다.

용인대학교 유도 훈련단 예배도 어느덧 20년이 되어가고 광영여고 유도팀 예배도 14년이 되었습니다. 전도사님의 기도와 사랑으로 자란 수진, 민지, 자영이가 광영여고 졸업 후 지금은 지도자가 되어 모교 후배들을 위해 열정을 쏟고 있답니다.

열악한 상황에서 지금은 당당히 전국대회 우승팀으로 우뚝 서게 되었음을 하나님께 감사드리고 그 예배를 이끌어 오신 전도사님께도 감사드립니다.

저는 이제 하나님께서 부르시는 자리라면 어디든지 달려갈 준비가 되어 있습니다.

전도사님께서 저에게 해주신 그 기도를 똑같이 우리 아이들에게 해주며 그 믿음의 줄기가 계속 이어져 내려갈 것을 확신합니다.

"숙희가 숙희 하나님 여호와의 말씀을 삼가 듣고 내가 오늘 숙희에게 명령하는 그의 모든 명령을 지켜 행하면 숙희의 하나님 여호와께서 숙희를 세계 모든 민족 위에 뛰어나게 하실 것이라" (신명기28:1)

신명기 28장 1절 말씀을 주시며 제 이름을 넣어 암송하라고 하셨죠?

그대로 순종하니 하나님께서 저를 높여주셨답니다.

제가 겪어보고 그 길을 걸어보니 이제야 비로소 전도사님의 그 사랑이 얼마나 크고 대단한 것인지 느낍니다.

전도사님 사랑합니다.

현숙희 감독이 이끄는 광영여자고등학교 유도부 단원들과 함께

네 번째 러브레터_ **복싱감독 이승배**

"엄마! 왜 이렇게 말을 안 들어?"

"내가 뭘."

"하여튼 맨날 엄마 맘대로야. 점점 우기는 것만 늘어가고."

누가 들으면 참 퉁명스러운 모자간의 대화처럼 들린다.

대한민국 최초로 미들급과 라이트헤비급에서 연속으로 올림픽메

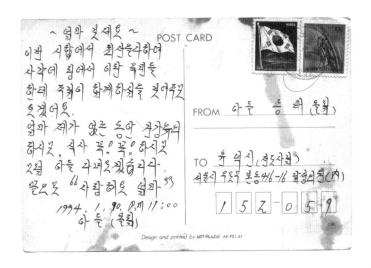

달을 획득한 복싱 이승배 감독과 내가 일상적으로 나누는 대화다.

선수촌에서 아니 세상에서 나에게 이렇게 말할 수 있는 유일한 사람이기도 하다. 태릉선수촌에서 승배를 처음 보았을 때 영화배우처럼 멋있고 잘생겨서 감탄했었다. 아마도 영화감독이나 방송국 피디 눈에 띄었다면 분명히 길거리 캐스팅을 당하지 않았을까? 훤칠한 키에 이목구비가 뚜렷한 미남 선수 승배가 나를 믿음의 엄마로 부르기 시작하면서 태릉으로 향하는 내 발걸음은 한층 더 가벼워졌다.

바르셀로나올림픽에서 아무도 기대하지 않았던 동메달을 딴 승배는 애틀랜타 올림픽을 앞두고 강훈련에 돌입했다. 거의 탈진상태까지 갈 정도였다.

샬롬성전에서 기도하고 있는데 갑자기 승배 생각이 났다. 연습장에도 보이지 않고 여기저기 찾아다니다가 혹시나 하는 마음에 의무실로 달려가 보니 침대에 누워 있는 승배가 보였다. 몹시 괴로워 보이는 승배의 팔목에는 링거 바늘이 꽂혀 있었고 거꾸로 매달린 병은 마지막 한 방울까지 다 들어가서 피가 역류하고 있었다.

"엄마…."

겨우 눈을 뜨고 나를 바라보는 승배를 보니 눈물이 쏟아졌다. 얼른 달려가서 일단 주삿바늘을 빼주었다. 병원에 근무했던 경험이 이럴 때 유용하게 쓰이다니 하나님께 감사드렸다.

"승배야! 괜찮아?"

"누가 좀 도와달라고 기도하고 있었어요. 여기 어떻게 알고 오셨어요?"

"기도하는데 하나님이 널 찾아보라고 하시더라."

그때 승배는 하나님 안에서 함께 하는 사람들은 영적으로 교감할 수 있다는 걸 처음 알게 되었다고 했다.

그렇게 힘든 시간을 보내고 출전한 애틀랜타 올림픽에서 결승전까지 올라간 승배는 무적의 챔피언이라 불리는 카자흐스탄의 바실리 지로프를 상대로 최선을 다해 싸웠다.

아쉽게도 판정으로 져서 은메달을 땄지만, 당시에 극도로 침체된 한국 복싱계에 커다란 반향을 일으켰다.

결승까지 올라가며 승배가 이긴 상대들은 전 WBA 라이트 헤비급 챔피언인 크로아티아의 슈티페 드레우스, 유럽 라이트 헤비급 챔피언인 독일의 토마스 울리히 등 쟁쟁한 선수였던 걸로 볼 때 아마 프로에 진출했다면 세계적인 선수가 되었을 거라고 전문가들은 말한다.

90년대 이후 TV에서 권투 중계가 사라지며 프로진출의 의미가 없어지고 승배는 후배 양성으로 진로를 정했다. 지금도 복싱을 사랑하는 사람들은 말한다. 당시 한국 프로 복싱이 활성화되었다면 지금 잘

이승배 선수 경기 모습

나가는 슈퍼 미들급이나 라이트 헤비급의 외국 선수들과 이승배 선수가 역사에 길이 남을 멋진 대전을 했을 텐데 아쉽다고.

"엄마 전화 좀 하고 오라니까."

"어제 했잖아 오늘 온다고."

"언제?"

"바쁘면 나 그냥 간다."

"가긴 어딜 가요. 점심때 다 됐는데. 나 바빠. 빨리 밥 먹으러 가요."

내 등을 떠밀고 나는 못이기는 척 승배와 함께 선수촌 식당으로 향한다. 돌려 말할 줄 모르고 무뚝뚝해 보이지만 그 말 속에 담긴 애정과 진심을 나는 안다. 승배와 앉아서 밥 먹는 동안 수없이 많은 선수가 우리 테이블로 와서 인사를 한다.

"전도사님 식사 맛있게 하십시오."

"감독님 식사 맛있게 하십시오."

정말 먹지 않아도 배가 부르다는 게 뭔지 100퍼센트 느껴지는 시간이다.

엄마!

나야 승배.

태릉선수촌에서 엄마한테 큰소리 뻥뻥 치고 티격태격할 수 있는 유일한 남자.

이렇게 편지를 쓰자니 쑥스럽기도 하지만 오늘은 내 맘을 표현하고 싶어지네.

그럼 20년 전으로 돌아가서 오랜만에 존댓말을 써볼까요?

막연하게 하나님의 존재를 깨닫고 어설프게 신앙생활을 할 무렵 선수촌에서 만난 분.

오늘의 이승배 감독이 있기까지 이 모든 것이 가능하도록 기도로 나를 키워준 분.

아무리 병원에 가서 치료를 받아도 낫지 않아서 절망하고 낙심할 때 아픈 나에게 손을 얹고 기도해 준 고마운 분. 그래서 통증이 사라진 그 자리엔 하나님에 대한 믿음이 자라기 시작했고 기도하는 법을 알려준 분 바로 엄마였어요.

주먹 하나밖엔 믿을 것이 없던 나에게 조건 없는 사랑을 쏟아 부어주시고 아무도 찾아와주지 않던 경기장에 와서 기도로 응원해주고 땀을 닦아주셨죠.

경기하는 모습을 찍어서 사진을 주셨고 저는 어느덧 엄마의 기도 없이는 링 위에 올라갈 수 없는 사람으로 변해 갔답니다.

수많은 성경 인물 중에 내가 제일 좋아하는 인물은 다윗이예요.

왠지 나와 많이 닮았다는 생각이 들거든요.

엄청난 상대선수를 만날 때마다 칼과 창이 아닌 물 맷돌로 골리앗을 쓰러뜨린 다윗의 기도를 해요. 시합은 여호와께 속한 것인즉 그가 상대를 나에게 넘기시리라.

내 이름을 세상에 알린 모든 시합 뒤에는 엄마의 기도가 있었다는 거 아세요?

바르셀로나, 애틀랜타, 히로시마 이 모든 곳에 엄마는 눈물로 기도하며 목이 쉬도록 내 이름을 불러 주셨어요.

히로시마 아시안 게임 때가 생각나네요.

모두 나에게 이번 시합은 어려울 거라고, 세계 1위인 카자흐스탄 선수가 이길 수 밖에 없는 경기라고 했어요.

더군다나 아시안 게임 전에 이미 그 선수에게 졌던 나로서는 부담이 더 클 수 밖에 없었어요. 아시잖아요 우리 복싱은 한 번 졌던 선수에게 심리적으로 위축되어 다시 이기기 어렵다는 걸요. 아마 제가 하나님을 몰랐

현재 이승배 감독과 함께

다면 그냥 사람들의 말을 방패 삼아 2등 자리에 머물렀을지도 몰라요.

하지만 매일 간절히 기도했어요. 엄마는 언제나 나에게 하나님께 기도하면 불가능이란 없다고 하셨죠.

경기 전 엄마의 기도를 받으며 난 분명히 승리를 확신했답니다.

그리고서 링 위에 올라가니 곰처럼 커다란 상대 선수가 너무나도 작게 보이는 거에요.

그리고 주먹의 움직임까지 슬로우 모션처럼 느리게 하나도 놓치지 않고 제 눈으로 확인하며

경기 내내 하나님께서 나와 함께 하고 계심을 느낄 수 있는 정말 놀라운 시간이었어요.

물론 저는 그 경기에서 승리를 거두며 금메달을 목에 걸었지요.

그때 울면서 기뻐하시던 엄마 모습이 잊히지 않아요.

그러니 제가 어떻게 이 모든 영광을 하나님께 돌리지 않을 수 있겠어요.

엄마!

나에게 하나님을 알게 해주시고 변함없는 사랑으로 지금까지 기도해주신 은혜를 어떻게 갚을 수 있을지 생각만 해도 가슴이 뭉클해져요.

'여호와는 나의 목자 시니 내게 부족함이 없으리로다 그가 나를 푸른 풀밭에 누이시며 쉴 만한 물가로 인도하시도다'

시편 23장을 암송할 때마다 하나님을 만나게 해주신 엄마를 생각하며 감사하는 거 몰랐죠?

이제는 다른 사람들 챙기는 것 십 분의 일이라도 엄마 자신을 위하면서 사세요.

예전의 젊고 팔팔한 엄마가 아니라고요!

내 투박한 말투에는 엄마를 향한 무한한 애정이 담겨 있는 거 잊지 마시

> 고요.
>
> 엄마 사랑합니다. 그리고 고맙습니다.

자랑스러운 내 아들 승배.

사랑한다. 나의 첫 아들 승배야.

다섯 번째 러브레터_ 축구감독 지승화

"전도사님 미국에 한 번 와 주시면 안 될까요?"

런던 올림픽에서 돌아오고서 캘리포니아 애너하임에 있는 베데스다 축구팀 지승화 감독에게 전화가 왔다.

축구단을 창단하고 첫 경기를 앞두고 있는데 와서 창단 예배를 드려주면 좋겠다는 요청이었다. 그보다 기쁜 일이 있을까 싶어서 LA행

지승화 감독과 베데스다 축구단

비행기를 탔다.

2011년 캘리포니아 대학리그에서 창단 3년 만에 우승컵을 거머쥐며 미국의 축구 관계자들을 놀라게 했던 베데스다 프레임스팀을 기도로 이끄는 젊은 감독이다. 그는 선수를 선발하고 훈련하고 경기를 치르며 성령의 인도 하심을 구하면 기적이 일어난다고 믿는 사람이다. 선수단에 입단하면 의무적으로 채플과 성경기도에 참여해야 한다.

"하나님이 하시는 일은 정말 놀라워요 전도사님."

"그렇지? 지 감독, 부르짖으면 반드시 응답하시는 하나님을 믿고 늘 기도해야 해. 선수들에게 믿음을 강요하는 것보다 솔선수범하는 믿음의 모습을 보여주는 게 중요하더라고."

선수들을 위해서라면 열일 제쳐놓고 달려가서 동생처럼 챙기는 모습이 참 보기 좋았다.

잘 생긴 외모에 신실한 청년이 아직 미혼인지라 빨리 좋은 배우자를 만났으면 하는 마음에 왜 결혼하지 않느냐고 물어보니 다른 조건보다도 선수들을 가족처럼 여기고 그 뒤치다꺼리를 해 줄만 한 사람이 아니면 자기는 결혼할 수 없다고 말했다.

주변에서 예쁘고 참한 아가씨를 여러 번 소개 받은 걸로 아는데 자기 기준이 그러니 쉽지 않을 것 같기도 하지만 하나님께서 분명히 아름다운 믿음의 반쪽을 예비해 놓으셨으리라 믿는다.

전도사님,

안녕하세요 지승화 감독입니다.

다시 미국으로 돌아가는 비행기 안에서 편지를 씁니다.

전도사님의 첫인상이 솔직히 좀 무섭기도 했고 제가 어릴 때부터 가지고 있던 고정관념과는 완전히 다른 분이라 어색했던 기억이 납니다.

말씀을 안 하고 계실 땐 무뚝뚝하고 엄한 분처럼 보이시거든요.

차츰 시간이 지나고 전도사님과 많은 대화를 나누며 그 느낌 대신 이렇게 따뜻한 분이 또 계실까 싶을 정도로 생각이 바뀌었답니다.

제가 현장에서 선수들과 함께 호흡할수록 전도사님의 지난 32년이 대단하게 느껴집니다.

자신보다 선수들을 배려하시고 기도해주는 일이라면 그게 어디든 가리지 않고 달려가서 우렁찬 목소리로 기도해주시는 모습에 제가 앞으로 나가야 할 방향을 깨닫습니다.

어린 선수들과 소통하기 위해 스마트폰으로 채팅하시는 그 모습, 오타도 많이 나고 썰렁한 유머도 보내주시지만, 그 순수한 모습에 감동했습니다.

좋은 말씀과 동영상을 보내주시면 지친 일상에서 많은 위로가 된답니다.

지난번 저희 집에 오셔서 엄마처럼 손수 따뜻한 밥을 지어 주시고 신앙적인 조언을 아끼시지 않을 때 왜 많은 선수가 전도사님을 믿음의 어머니로 생각하는지 알게 되었습니다.

캠퍼스에 오셔서 선수 한명 한명을 껴안고 기도해주신 것처럼 저도 믿음의 지도자로서 아이들을 가슴에 품고 싶습니다.

그래서 선수들이 프로팀에 가더라도 그곳에서 믿음의 본을 보이고 팀 전체를 구원할 수 있는 역량을 키우도록 기도로 양육하겠습니다.

베데스다 축구팀을 응원해주시고 물심양면으로 도와주고 싶어하시는 그 마음을 잘 알기에 저 역시 전도사님의 사역에 보탬이 된다면 두 손 두 발 걷고 나설 준비가 되어 있습니다.

하나님께 부름 받은 자들은 합력하여 선을 이루게 될 것을 믿으며 더욱 더 부르짖고 기도하겠습니다.

전도사님을 만나게 해 주신 하나님께 감사드립니다.

주님 안에서 늘 평안하시길."

지 감독과 베데스다 운동팀을 예수님의 이름으로 축복합니다.

사랑합니다. 고맙습니다.

'너희는 우리로 말미암아 나타난 그리스도의 편지니 이는 먹으로 쓴 것이 아니요. 오직 살아계신 하나님의 영으로 쓴 것이며 또 돌판에 쓴 것이 아니요. 오직 육의 마음 판에 쓴 것이라' (고린도후서 3:3)

사랑하는 아들딸에게 편지를 받고 나서 한동안 눈물이 그치지 않았습니다.

저는 제자신을 잘 알고 있습니다.

단순한 성격이라 한 번에 한 가지만 생각하고 결심이 서면 무조건 밀어붙이는 경향이 있습니다.

그래서 이런 저의 성격 때문에 주변 사람들이 당황해 할 때도 있고 막무가내 스타일이라고 부르는 걸 알고는 있지만 잘 고쳐지지 않습니다.

제가 생각한 것이 선수들에게 유익한 일이라고 판단이 되면 마음이 조급해져서 한시도 지체하고 싶지 않아지기 때문입니다.

그런 저에게 선수들은 "제발 미리 말 좀 해주세요, 엄마 제발 무조건 오라고 하지 마세요, 전도사님 진짜 바빠서 그래요."라며 투정을 부리기도 합니다.

될 수 있으면 선수들에게 불편을 주거나 신세 지고 싶지 않아서 금전적인 어려움은 얘기해 본 적 없지만, 그것이 말씀을 듣거나 은혜 받는 자리라면 앞으로도 물불 가리지 않고 저는 불러낼 것입니다.

이런 저를 이해해주고 따라주는 아들 딸들이 고마울 뿐입니다.

아줌마에서 전도사님으로, 때로는 엄마로 불리던 제가 이제 본격적인 목회를 시작하면 목사님이라고 불리게 되겠지만, 저에게는 호칭이 중요하지 않습니다.

제가 직접 뛰는 대신 각종 경기에서 훨훨 날아다니는 수많은 선수를 믿음의 자녀 삼아 날마다 경기장에 가는 사람이 되었습니다.

주는 영이시니 주의 영이 계신 곳에 자유가 있다고 말씀하셨습니다. 그 자유함으로 저는 하나님께서 원하는 곳이라면 어디든 갈 준비가 끝났습니다.

그리스도의 편지가 되어 하나님 말씀의 운동력으로 오대양 육대주 어디든 배달되기를 소망합니다.

이제 글을 마무리하면서 이런 놀라운 사역을 하는 동안 함께 해준 선수들과 전부터 아낌없이 배려해주신 여의도순복음교회 조용기 원로목사님과 당회장 이영훈 목사님께 감사를 드립니다.

우리 선수들에게 꼭 시합 전에 기도해 주셨고 C.T.S까지 오셔서 스포츠선교 대상 받는 저를 축하해 주시고 말씀 전해 주셨습니다.

또, 선수촌 안에 건물이 예배드리는데 너무 좋지 않은 환경이었는데 리모델링 해주셔서 안전하게 선수들과 예배드릴 수 있도록 선처해 주시므로 저희들은 감격의 눈물을 흘렸습니다. 베이징올림픽 때와 런던올림픽 때는 어려운 형편임을 아시고 미리 선교비를 준비해

주셨습니다.

조용기 원로목사님과 당회장 이영훈 목사님께 다시 한 번 뜨거운 감사를 드립니다.

하나님 사랑합니다. 고맙습니다.

Special thanks to

김진옥 권사님, 한길자 권사님, 김경자 권사님, 김관현 교수님, 정훈 감독님, 단용고모, 이경현 장로님, 세용고모부부 그리고 오대양 육대주 믿음의 동역자분들.

윤덕신의
스포츠 선교
증거의 장

윤덕신의
스포츠 선교
증거의 장